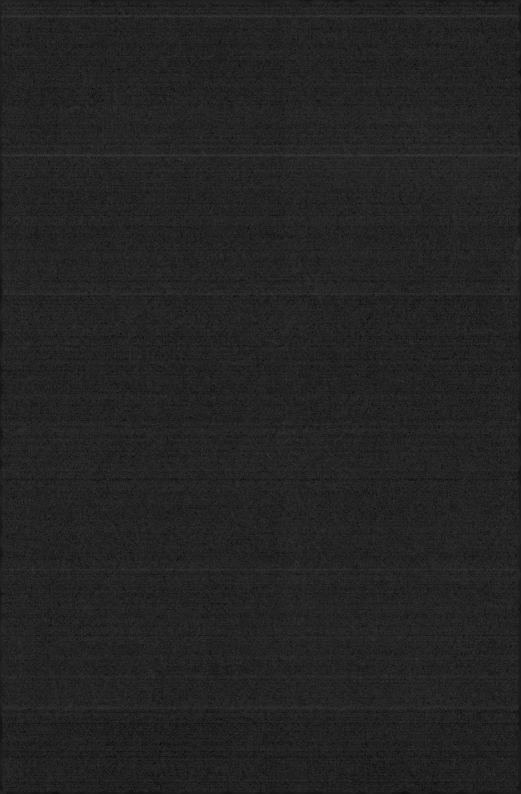

ケースとデータで学ぶ
「最強チーム」
のつくり方

チーム
ワーキング

中原淳　田中聡

日本能率協会マネジメントセンター

はじめに

すべてのひとびとにチームを動かすスキル、「チームワーキング」の技術を！

　本書『チームワーキング－ケースとデータで学ぶ「最強チーム」のつくり方』は、同時代を生きる多くの方々に「チームを動かすスキル」を学んでもらうために編まれた実践的な書籍です。

　「人が生きていく上で本当に大切なこと」は、学校の授業だけですべてを学びきることが難しいものです。それらの多くは、手痛い失敗経験や、多くの試行錯誤を経て、自分の身をもって学ぶほかはないのかもしれません。

　本書がテーマに掲げる「チームを動かすスキル」も、そうした内容の1つかと思います。「チームを動かすスキル」を教科として、知識として学んでいる方は非常に希でしょう。チームワークに関する知識やスキルは「経験からの学習」に大きく依存しているのです。

　「経験からの学習」の特徴は、手痛い経験から学ぶところにあります。そのため、非常に「パワフル」です。しかし、一方でそこには「課題」もあります。

　最大の課題は、それを学ぶことには「大変な労力がかかる」ということ、そして「すべてのひとびとが均等にそれを学べるとは限らない」ということです。

　チームにまつわる実践的知識を「経験からの学習」によってすべて学ぼうと思ったら、それを学ぶ素材（失敗経験）を、皆が、事前に得てお

く必要があります。しかし、実際には、そうした経験を得られるどうかは、人によって、状況によって偏りが出てきます。そのため、チームワークを学ぶことには、どうしても、さまざまな「困難」が伴います。

　本書『チームワーキング－ケースとデータで学ぶ「最強チーム」のつくり方』は、人材開発・組織開発の研究者である筆者らが、蓄積してきたチームワークに関するデータと、また、ビジネスケースをもとに、「チームを動かすスキル」について、その要諦を学ぶことができます。

　チームリーダーや管理職、および、その候補の方が、その職位に就く前に、本書を使って、「チームを動かすスキル」を学ばれると効果的だと思います。本書は、リーダー・管理職になられる方にとっての「準備」を提供することに貢献できると考えています。

　一方、もう1つ効果的だと思われるのは、読者の皆さんが所属する職場、チームメンバー全員で、本書を素材に読書会やワークショップなどを行っていただくことです。本書を用いて、自らのチームのあり方や今後に関して、対話を行うこと、アクションプランを決めることができたとしたら、最も効果的でしょう。なぜなら、ひとびとの間に、本書が提案する「共通言語」ができるからです。

　本書で論じた「チームを動かすスキル」や「チームを動かすものの見方」を、チームメンバー全員が共有することができれば、より効果的かつ生産的にチームが躍進しだすと思います。

　本書の読書経験が、「ニッポンのチーム」の「アップデート」につながることを心より願っております。

中原　淳・田中　聡

<table>
<tr><td>第2章</td><td>チームは常に「動き・変化」している
チームワーキングとは何か？</td></tr>
</table>

第**3**章 目標を設定するのではない、握り続けるのだ
ケースとデータで学ぶGoal Holding

第5章 チームのために思ったことをはっきり伝える ケースとデータで学ぶFeedbacking

<table>
<tr><td>第 6 章</td><td>すべてのひとびとに、チームを動かすスキルを！</td></tr>
</table>

序章

ニッポンの「チーム」を
アップデートせよ！

TEAM
WORKING

世界は「チーム」に満ちている

　世の中は、「個人の独力だけ」では達成できない物事であふれています。世の中の物事の多くは、「一匹狼（ローンウルフ）」によって成し遂げられるものではありません。だからこそ、私たちは、他者とつながり、タスクをつなぐことで、物事を達成しようとします。

　かくして、この世界は「チーム」で満たされています。

　ここでいうチームとは、「**目標を共有しつつ、相互作用をしながら、物事を達成する社会集団**」のことを指します[1]。

　多くの企業はチームで仕事を行っています。私たちが行う多くの業務やプロジェクトは、独力で達成されたものではなく、職場のメンバーがさまざまなかたちで役割分担を行い、協力して、達成するものが多いでしょう。

1　チームに関する学術的定義は多様であり、代表的な定義としてよく用いられるサラスら（1992）の定義によれば、チームとは「価値ある共通の目標・目的・職務を達成するために、動的で相互依存的、そして適応的な相互作用を行う二名以上で構成される識別可能な集団である」とされます。

　職場におけるチーム（work teams）研究のレビューを行ったコズロウスキーとイゲンらの研究（2006）によれば、チームの定義要件とは、次の7点にまとめられると言います。①二名以上の個人で構成される、②社会的な相互作用（対面またはヴァーチャル）を行う、③1つ以上の目標を共有する、④職務課題（タスク）を遂行するために協働する、⑤仕事目標、進め方、成果が相互依存的である、⑥それぞれ異なる役割と責任を持つ、⑦他組織と境界を持つ組織システムの中に埋め込まれているの7点です。

　本書では、サラスら（1992）の定義を援用・簡略化し、「目標を共有しつつ、相互作用をしながら、物事を達成する社会集団」として、以下用いるものとします。

Salas, E., Dickinson, T. L., Converse, S. A., & Tannenbaum, S. I. (1992). Toward an understanding of team performance and training. In R. Swezey & E. Salas (Eds.), Teams: Their Training and Performance.pp.3–29.

Kozlowski, S. W., & Ilgen, D. R. (2006). Enhancing the effectiveness of work groups and teams. Psychological science in the public interest, 7 (3), 77-124.

　近年は、大学でも、チーム単位で課題解決に取り組むプロジェクト型学習や、アクティブラーニングを取り入れる授業が広まっています。与えられた課題を、一人で解くのではなく、多くの学生が協力し合い、切磋琢磨しながら、課題解決を行います。

　世の中を見渡してみると、サッカーやラグビー、バレーボールなどスポーツのチームもあれば、医療の現場で多職種連携をしているメディカルチームもあります。もっと身近なところで言えば、私たちが生活を共にする家族という存在も、次の世代に、ライフ（命）をつないだり、協力して生涯を生き抜くチームといっていいのかもしれません。

　このように世界は、大小さまざまなチームによる営み、いわゆる「チームワーク」によって成り立っています。異なるチームが重層的に重なり合いつつ、必要なタスク・作業を分担しながら、社会を成り立たせているのです。

　すなわち社会は「チーム」と「チームワーク」に満ちています。

　しかし「チームワーク」は、人類史上、最大の難問（アポリア）の1つでもあります。

　みんなが集まれば何となくチームができ、みんなでやれば何となく「良いチームワーク」が生まれる、などということはまずありません。どんなに優秀なメンバーが集まったとしても、お互いに、いがみ合い、最低のクオリティの仕事しか達成できない、といったこともしばしば起こることです。人が集まれば、いつだって自分の思い描いていた通りにはいかず、想定外の出来事が起こるものです。

　みんなのめざしている方向がバラバラだったり、リーダーだけが独走してしまったり、コミュニケーションがうまくいかなかったり、表面上はうまくいっているように見えてもどこかお互いの心が通い合っていないように感じられたり……。

　皆さんがこれまで経験したチームでの出来事を少し振り返ってみても、

思い当たる節はあるのではないでしょうか。

　チームワークとは、ひとびとにとって必要な社会的営みでありながら、私たちの頭を悩ませ続ける「難問」の1つなのです。

「チームを前に進めたいと考えているすべてのひとびと」に向けて

　本書『チームワーキング－ケースとデータで学ぶ「最強チーム」のつくり方』は、さまざまな現場で「チームを前に進めたいと考えているすべてのひとびと」に向けて書かれています。

　チームワーキング（Teamworking）という表現は、初めて聞く言葉かもしれません。

　「チームワーキング」とは「チーム（Team）」に「ワーキング（Working：物事がダイナミックに、常に動いている状態）」を付け加えた本書の重要なキーワードです。なぜ「チームワーク」ではなく、「チームワーキング」と呼ぶのかについては、これから本書の中で説明していきたいと思います。ここではさしずめ、以下の3つのことを思い浮かべてみてください。

チームワーキングとは

1）チームメンバー全員参加で、

2）チーム全体の動きを俯瞰的に見つめ、

3）相互の行動に配慮し合いながら、

目標に向けてダイナミックに変化し続けながら、成果創出をめざすチームの状態

　この語の意味するところは、あとで詳しくご紹介いたします。

　この本は「チームを前に進め、成果を創出する風景」を日本全国に生み出していきたいという思いで書かれました。

　当然のことながら、この本は、リーダーや管理職だけのために書かれた本ではありません。後述しますが、「優秀なリーダーが一人いれば何とかなる」という考え方では今の時代は通用しません。チームメンバーが「全員参加」で、ダイナミックなチームの動きを創出することが求められます。

　現代社会において、多くのチームが解決に向けて取り組んでいる課題は、以前よりも大きく、より複雑で、難解なものとなっています。みんなで考えれば「答え」が１つにまとまるようなものでもなければ、過去に誰かが出した「答え」が当てはまるわけでもありません。このような不確実で、答えがなく、見通しのきかない状況下では、どれだけ優秀なチームであっても、リーダー個人の牽引力だけでは前に進みません。チームを構成するメンバー全員の賢さと振る舞いこそが、チームの成果の成否を決めます。そのような全員参加のチームによって生み出されるチームの状況こそが「チームワーキング（Team＋working：チームがダイナミックに動いている様）」なのです。

　本書は、企業・現場のリーダーや管理職だけではなく、目標に向かってチームを前に進めようとしているすべての方々に必要なチームワークについて、論じたいと思っています。

> すべてのひとびとに、チームをダイナミックに動かすスキルを！

　これが本書のめざす、遙かなる地平です。

今、なぜ、ニッポンの「チーム」をアップデートしなければならないのか？

　書店に行けば、チームに関する本はすでにたくさん存在します。強いチームのつくり方、成功に導くチームワーク、チームリーダーの心得……。これほど多くのチームに関する書籍がすでに出版されているのにも関わらず、私たちは、なぜ今、改めてチームに関する本を書く必要があるのでしょうか。

　端的に申し上げれば、それは筆者らが、私たちのもっとも身近なひとびとのデータと事例から生み出された、私たち自身にもっともフィットする「チームに関する原理・原則」を、私たちの社会に「お届けしたい」一心からです。

　「どこかの国」の、「誰かの特性・文化」にあった研究知見や、日常から切り離された実験室環境で編み出されたチームの原理・原則だけではなく、私たちの国に住む多くのひとびとが、実際の現場で苦闘した「ニッポンのデータ」を用いて原理・原則をつくり、「ニッポンのチーム」をアップデートすることこそが、私たちの願いです。筆者らは、人材・組織の研究者ですので、「研究」という手段を持って、このことに貢献したいと願っています。

　本書が多くのひとびとの手に取られ、日本の津々浦々にある「チーム」がアップデートされる、そんな未来を、私たちは夢見ています。

　それでは今、なぜ、ニッポンのチームをアップデートしなければならないのでしょうか。そのことについても、少しだけ触れておきましょう。

　チームといっても「スポーツ」「医療」「学校」などさまざまなものがありますが、ここでは、多くのビジネスパーソンがチームと聞いて思い浮かべる「仕事におけるチーム（職場）」を例に考えてみましょう。

ニッポンの「チーム＝職場」をアップデートすべき理由

　ニッポンの「チーム＝職場」をアップデートしなければならない最大の理由は「私たちが仕事をしている環境が、日々変化していること」にあります。近年、日本企業では、戦後長らく続いてきた日本型経営と、それに基づいた従来の働き方が見直されつつあります。

　日本の職場は、ゆっくりとではありますが、確実に変化しています。

　第一に、「日本人・男性・大卒・正社員」という画一的な職場メンバー構成は、もはや過去のものになりました。育児や介護をしながら働くひとびと、正社員のみならず、契約社員、派遣社員、パート、アルバイトと複雑な雇用形態、日本国籍だけでなくさまざまな国の出身者……など、今や職場で働くひとびとは多種多様です。「多様化」の一途をたどっている職場では、同質的な人材が「あうんの呼吸」で「空気を読み」合って仕事をするということは、もはや「過去の遺物」になりつつあります。私たちは、強い職場を取り戻すために、基本に立ち返り、多くのひとびとが交流しながら、成果を上げるための「チーム」形成のスキルを、もう一度1から学び直す必要があるのです。

　では、なぜ「ニッポンのデータや事例」を用いるのでしょうか。

　それは、チーム活動の根幹をなす「ひとびとのコミュニケーションの様式」が、私たちが慣れ親しんだ文化的・社会的状況に深く根ざしているからです。

　たとえば今、仮に「良いチームワークを行うためには、忌憚なくお互いに言いたいことを言い合いましょう」というスローガンが、チームに掲げられたとします。おそらく、そうはいっても、日本人同士では、「相互の意見の違いを表出するような対話的なコミュニケーション」は苦手であることが多いため、このようなスローガンが掲げられても、ただち

に実行することは難しいでしょう。一方、お互いの「違いがあること」を前提にする欧米社会では、敢えてスローガンなど掲げなくても、彼ら、彼女らのコミュニケーションの根底には、相互の違いを表出することに、ためらいはありません。すなわち、チーム活動の根底にすでにスローガンが内包されているのです。

　では、「良いチームワークを行うためには、みんなで話し合いながら振り返りをしましょう」というスローガンがチームに掲げられたとしたらどうでしょうか。

　日本人同士は、「みんなで振り返り」と聞くと、「反省会（ダメ出し会）」を思い浮かべます。どちらかというと、チーム全体のネガティブな部分に着目したコミュニケーションを行ってしまいがちなのです。しかし、本来、振り返りには「ネガティブ」も「ポジティブ」もありません。日本以外の国では、お互いの強みについて振り返り、強みを強化するアプローチを「振り返り」と呼ぶ場合もあります。

　このように、チーム活動とは、「振り返り」という活動ひとつとっても、文化や社会が変われば、それが意味するものも大きく異なる、すなわち、ひとびとが生きている社会的状況・文化的背景に深く根ざしているのです。かくして、ニッポンのチームをアップデートすることをめざす本書は、ニッポンのデータや事例にこだわって、チームにまつわる知見を、皆さんに提起したいのです。

　この本では、私たちが取得した日本人のチームにまつわるデータや事例をもとに、ニッポンのチームをうまく動かすためには何が必要なのか、を考えていきたいと思います。

チームにまつわる原理・原則を生み出す研究データ

　ここで少しだけ、チームにまつわる原理・原則を生み出す本研究が、どのようにチームにまつわるデータを取得しているのか、ということについてお話をしましょう。本書は「ニッポンのデータ」にこだわって執筆する、と先ほど宣言しましたが、実は、これは、とてつもなく難しいことなのです。

　というのも、「チームの行動や成果」というのは、「個人の行動や成果」に比べて、研究を行いにくい性質を持っています。

　たとえば、チームの成果に影響を与えるチームメンバーの行動を調べようとすると、同条件下にある複数のチームに共通の課題を与えて、彼ら、彼女らの振る舞いを計測し、その成果を測定しなければなりません。1チーム五人のメンバーで構成するということになると、チームの数×五人分のデータが必要になります。仮に、統計的に信頼できるチーム数を100チームとして、これを確保しようとすると、それだけで500人の実験参加者が必要になるのです。

　これに対して、「個人の行動や成果」の研究ということであれば、分析対象が「個人」ですので、100人の人を集めるだけでことが足ります。集めなければならない人の人数が500人 vs 100人……、調査対象者の人数を単純に比較しただけでも、研究の煩雑さ、複雑さがお分かりいただけると思います。

　しかも、チームの研究をなすためには、共通のゴールを500人に与えた上で、さまざまな条件を変えて、100チームの成果がいかに変わるかを計測しなくてはなりません。

　皆さんは100チームが共通のゴールに向かって活動をしている場面をすぐに思い浮かべることはできるでしょうか。実際のリアル社会におけ

るチーム活動では、共通のゴールをめざして、まったく同じ条件で、チームの活動が行われるということはほとんどありません。そのため、同条件下のデータを大量に集めることは相応の困難を伴います。さらに、チーム活動の変化まで追おうとすると、チームの結成時から終了時まで、私たち研究者がチーム活動をつぶさに観察していく必要がありますが、これも決して容易なことではありません。

このように、チーム研究を行い、安定的なデータを獲得するためには、さまざまな制約条件があります。こうした背景から、チームに関する研究は他と比べて、これまであまり研究が進んでこなかったのが実情です。実際、国内の大学・研究機関でも、取り組んでいる研究者は数えるほどしかいません。

しかしながら、私たちは、ここに「競争優位」を持っています。国内には、幸い、こうした大規模なチームワーク研究に適した環境が整っている場所があるのです。それは、私たち（中原・田中）が勤務する立教大学経営学部です。

立教大学経営学部には、ビジネス・リーダーシップ・プログラム（BLP）というチームワークによる課題解決プログラム（全学部生が受講する必修科目）があります。この授業では、経営学部に所属する学部生が、１年生の頃から、チームでの課題解決に取り組みながら、自分自身やチームのリーダーシップを開発するために必要な知識・スキルを学んでいます。

具体的には、経営学部の１年生約400名、２年生約300名が四～五人のチームに分かれ、３か月にわたってリアルなビジネス課題に対する課題解決に取り組みます。学生たちが取り組む課題は、パーソルグループ、TBS、野村総合研究所、吉野家といったBLPの提携企業からいただくリアルなビジネス課題です。学生たちは、企業から与えられた課題に対

して、異種混交のチームで課題解決を行います。

　立教大学経営学部では、1年生で90チーム、2年生で60チーム、さらに、上級生向けの科目も合わせると、全体では1年間に約200近いチームが活動しています。私たちは、BLP内に、学生の行動や認知的な変化をモニタリングする「データアナリティクスラボ」を運営し、BLPを学生たちに提供する傍ら、チームワークについての詳細なデータを大量に収集し、分析を行い、チームに関する研究を続けてきました[2]。ここで得た知見を学生への教育に役立てるためです。本書は、主にこのデータを用いて執筆されています。

学生たちのチーム活動と企業におけるビジネス課題解決との共通点

　ここで、読者の中には疑問に思う方もいらっしゃるかもしれません。「学生を対象にした研究知見が、はたして企業におけるチームに当てはまるのだろうか？」と。確かに学生たちはビジネス環境の変化の波にさらされているわけでも、重い売上ノルマを背負っているわけでもありま

2　立教大学経営学部では、データアナリティクスラボ（田中聡、舘野泰一、高橋俊之、小森谷祐司、加藤走、木村充、中原淳）が、学生のデータを用いて、常に教育の質をモニタリングしています。このラボは公益財団法人電通育英会のご寄附により設立されました（研究代表者　中原淳）。活動は学部レベルでなされているIR（Institutional Research：教育の質を担保するための機関調査）と位置づけられるでしょう。下記は、データアナリティクスラボとして発表したリリースの一例です。

・立教大学経営学部がオンライン授業に関する学生意識調査の結果を公開：双方向型オンライン授業の授業満足度は、去年の対面授業を上回る結果
　https://www.rikkyo.ac.jp/news/2020/09/mknpps000001bg3b.html
・開催報告：立教BLPカンファレンス2019 新しい教育手法の評価とデータを活かした授業づくり
　https://cob.rikkyo.ac.jp/news/2019/usirlo00000006vd.html

せん。しかし、立教大学経営学部BLPにおけるチーム活動は、いくつかの点において、ビジネスの現場におけるチームとの間に共通点を見出すことができます。

1つめは、**学生たちが取り組むチーム活動は、企業で行われるビジネス課題解決を疑似体験できるように設計されている**ということです。学生たちは、提携企業からリアルなビジネス課題を与えられ、3か月ほどの短期間で、提携企業であるクライアントへ向けて最終提案を行うことをゴールとしています。ビジネス課題は企業によって異なりますが、たとえば、「21世紀の人材ビジネスを構築せよ」とか、「IoTを用いた新規事業を構築せよ」といった、課題の本質がどこにあるのかが曖昧で、会社としてもまだ明確な打ち手を見出せていないような新規事業領域に関連するものが多い印象です。また、学生が提案したものの中には、実際のビジネスに活用されたケースもあります。さらには、クライアント企業の社員からプランに対するフィードバックを受ける機会なども設けられていて、ビジネスにおける課題解決に限りなく近いプロセスを再現できる仕掛けがなされています。

2つめは、**多様なメンバーが集まって行うチーム活動である**ということです。立教大学経営学部の授業では、育った環境も属するコミュニティも異なる、場合によっては海外で過ごした経験が長い留学生も含めた多様なメンバーたちとほぼ初対面でチームをつくり、課題解決に臨みます。大学生という共通点はありますが、個々の持つ資質やスキルは多様ですし、プロジェクトに取り組むモチベーションが高い人も、限りなく低い人もいます。これは、ダイバーシティあふれるメンバーが集まり、高い成果を上げるためにチームで仕事を行う企業内の職場やチームの状況と変わりません。

3つめは、**組織がフラットである**ということです。チーム活動を行う学生は経営学部の1～2年生です。チーム活動を支援する教員やSA

（スチューデントアシスタント）などはいますが、チーム内の関係はフラットです。実際の企業でも、近年は組織のフラット化が進み、職場の小さなチーム内では、年齢差やキャリアの差はあったとしても、細かな序列が存在することは以前に比べて、少なくなってきています。階層的で権力的なコミュニケーションを用いて"職位"でチームを動かすよりも、専門性や強みを用いて、フラットにコミュニケーションをすることが求められています。そうした点でも、大学生チームと社会人の課題には共通するところがあります。

　実際、海外の学術雑誌に掲載されるチームワーク研究の論文には、ビジネス系の学部やビジネススクールの学生のデータが用いられていることが少なくありません。従って、今回のデータも、一般のビジネスに十分援用可能であると考えられます。

こんな"チームの病"に罹っていませんか？

　私たちは、大学の教育現場で数多くのチームワークを見つめています。

　日々、目の前で200近いチームが動いている様子を見ていると、人が集まり、チームとなって何が起きるのか、どうなるとダメになってしまうのかが手に取るように分かります。興味深いのは、学生たちがチーム活動で直面する課題は、「職場で多くのチームが直面する課題とほとんど変わらない」ということです。

　そのことを理解いただくために、学生チームが罹患しがちな"病名"を、思いつくまま挙げてみたいと思います。

　皆さんの会社の職場やチームも、こんな"チームの病"に罹っていませんか？

病名 「目標って何だっけ？」病

症状 期初に時間をかけてチームの目標を設定するものの、いざ活動がスタートすると、それぞれのタスクをこなすことに精一杯になり、誰一人としてチームの目標に立ち返ろうとしなくなる現象です。振り返りが求められる期末になると、チームのあちらこちらで「あれ、目標って何だっけ？」という声が漏れ出すことが、この症状の特徴です。

あれ、目標何だっけ？

病名 役割分担したはずのタスクがまったくつながらない病

症状 チームの目標を達成するために必要なタスクを洗い出し、チームメンバー間で役割分担したにも関わらず、それぞれのメンバーが実際に行ってきたタスクを、いざ、つなげてみようとすると、抜け漏れや重複が多く、1つの成果物にまとまらず、振り出しに戻ってしまう現象です。

まとまらない!!

（病名）**フィードバックより仲良し病**

（症状）相手メンバーの考えや行動がチームの目標や計画からズレていると感じても、その後の人間関係がギクシャクしてしまうことを恐れて、率直にフィードバックすることを避けてしまう現象です。お互いにフィードバックし合うことがないチームでは、糸の切れた凧のように全員が違う方向に進んで、チームが空中分解してしまうこともあります。

　また、もし、あなたがチームを率いるリーダーの立場であれば、このような経験をしたことはないでしょうか？

（病名）**振り返れば、誰もいない病**

（症状）チームのために善かれと思って、色々と先回りして行動していた結果、いつの間にか自分だけ一人先走ってしまい、振り返ると誰もメンバーがついてきていない、という現象です。別名「リーダーシップ空回り病」とも呼ばれます。

病名 最後はいつもリーダー巻き取り病

症状 最初はチーム一丸となって課題解決に取り組んでいたのに、一人減り、二人減り……次々とメンバーが脱落していき、最後にはすべてをリーダーが一人で巻き取らなくてはならないような状況に陥ってしまう現象です。こうした状況下では何もせずに乗っかる人、フリーライダーがどんどん生まれ、チームワークどころではなくなります。

いかがでしょうか？　これらの症例に対して、これまで自らが所属してきた職場やチームを振り返り、既視感を持たれた方も少なくないのではないでしょうか。「そういえば以前、自分のいた職場やチームで似たようなことがあったなあ……」と思い当たる方もいるでしょう。要するに、学生であろうと、社会人であろうと、チームにまつわるひとびとが経験する苦難やつまずきには、共通点があるということです。

実際、私たちは、人事や経営企画の方々にコンサルティングを行ったり、現場のマネジャーの方々の課題解決のお手伝いをしたりしていますが、そこで見聞きする職場のチームワークの現状も、学生たちとそう変わりません。恐らく、新橋あたりでビジネスパーソンをつかまえて、

「日頃、チームのことで悩んでいることは何ですか？」と尋ねれば、上記のような「チームの病」についての悩みがぽろぽろと出てくるのではないか、と想像します。

　しかし、一方で、このような「チームの病」に罹ることなく高い成果を上げるチームも存在します。一時的に「チームの病」になりかけたものの、途中で軌道修正して成果を上げるチームだってあるのです。この違いは一体どこから生まれてくるのでしょう。

　私たちは、本書において、チームについての膨大なデータを分析し、「成果の出るチーム」と「成果の出ないチーム」の特徴を明らかにしました。

　すると、成果の出るチームには、以下のような特徴があることが分かったのです。

成果の出るチーム

1）チームメンバー全員が動き、
2）チームの状況を俯瞰する視点を持って、
3）共通の目標に向かってなすべき事をなしながら、お互いの仕事に対し相互にフィードバックをし続けている

一方、成果の出ないチームでは、以下のようなことが分かりました。

成果の出ないチーム

1) 一人のリーダーだけがチーム全体のことを考え、

2) リーダーが中心となってチームの目標と各自の役割を設定し、

3) それ以外のメンバーはお互いの役割や仕事の状況にはさして関心を示さず、自分に与えられた役割をただ黙々とこなしている

　既述したように、私たちは、前者の成果の出るチーム、すなわち1）チームメンバー全員参加で、2）チーム全体の動きを俯瞰的に見つめ、3）相互の行動に配慮し合う、というダイナミックなチームのイメージを「チームワーキング（Team＋working）」と表現することにしました。

　Teamworkingとは「Team（メンバー全員）」が主体的にチーム活動に取り組み、チーム自身が目標に向けてダイナミックに変化し続けながら、成果創出をめざして「Working（動いている）」している状態を示す概念です。そうしたダイナミックな動きにより、チームの成果が最大化されます。

　以降、本書では、成果の出るチームはどのような行動をしているのか、そのメカニズムを「チームワーキング」という概念を手掛かりに紐解いていきます。また、「チームワーキング」を阻んでいる要因は何か、どうすれば「チームワーキング」が機能するのか、について、チームにまつわる３つのケーススタディをもとにお伝えしていきます。

　本書を通して、筆者らは、ニッポンのチームをアップデートする新たなスキル、「チームワーキング」の技術を、今、目標に向かってチームを前に進めようとしているすべての方々に捧げたいと思います。

すべてのひとびとに、チームを動かすスキルを！
ニッポンの「チーム」をアップデートせよ！

　さあ、旅の始まりです。

第 **1** 章

なぜ、日本の職場がうまく
回らなくなってきたのか

TEAM
WORKING

職場に危機が押し寄せている

　本書は、「チームを動かすスキル」を多くのひとびとが学ぶための機会を提供することを目的に編まれた書籍です。私たちが、このような思いを強く持つきっかけになったのは、多くのひとびとが日々、働いている職場に「危機が押し寄せている」と感じるようになったからです。端的に言えば、分かり合えない職場、チームワークが機能していない職場が、目に見えて増えている印象があるのです。

　私たちは、人材開発・組織開発・管理者育成・経営者育成などを志す研究者です。研究の都合上、多くの企業と共同研究しており、年間にたくさんの職場を回り、多数のデータを分析しています。このような経験をとおして、私たちは、日本の企業の現場で起こっている危機の１つが「チームの機能不全」であることを感じています。

　この章では、なぜ今、日本企業の現場がうまく回らなくなってきたのか。なぜ今、私たちが、「チーム」について、これまでの考え方を改め、「チームワーキング」のスキルを持つことが必要だと主張するのか。その社会的背景を述べていきたいと思います。

　現場で一刻も早く結果を出したいという方、今すぐチームワーキングについて知りたいという方にとっては、ここからの話は、少し回り道になるかもしれません。

　しかしながら、働き方や職場を取り巻く環境の変化がチームやチームワークのあり方に与える影響を知ることは、自分たちのチームをどうやって前に進めていけばいいのかを考える上で、非常に有益です。まずは中長期的な視点に立って、日本企業の職場や働き方がどう変化し、その中でチームがどのような状況に置かれているのかを一緒に見ていきましょう。

不確実な時代に働くひとびとを襲う"VUCA病"とは

　現代社会は、VUCAの時代と言われます。VUCAとは、Volatility（変動性）、Uncertainty（不確実性）、Complexity（複雑性）、Ambiguity（曖昧性）の頭文字をとったワードで、変化が激しく将来の予測が困難な現代のビジネス環境を表現したものです。現代社会の未来を取り巻く見通しは「V：変動」「U：不確実」「C：複雑」「A：曖昧」の極みであり、現代の組織・職場・チームにも影響を及ぼしています。組織や職場など、働く個人を取り巻く状況もまた不安定で不透明なものになっているのです。

　それでは、そんな時代に日本企業は、どのような状況に置かれているのでしょうか。

　まず、ビジネスの変化のスピードが速いために、一世を風靡したビジネスモデルもすぐに陳腐化していくなど、先を見通すことが難しくなっています。こうした外部環境の変化に敏感に反応し、柔軟に対処していくことが求められる今、企業経営の足枷ともなっているのが、新卒採用、年功序列、長期雇用という日本型雇用システムです。刻々と変化するビジネス環境の変化に対応するためには、最適な人材を集めてチームとして力が発揮できるよう、雇用システムを見直す必要性が出てきています。

　こうした状況の下、多くのひとびとが、自分のキャリアや働き方に不安や戸惑いを感じ、混乱しています。

　私たちはこれをVUCAの時代に働く個人が罹患しやすい"VUCA病"と名付けました。VUCA病の典型的な症状を挙げてみましょう。

① 「うちの会社って何の会社だったっけ？」症候群

　経営環境の変化に対応するために，これまで考えられなかったような企業と手を組んで事業統合をしたり、かつてないほどのスピードで事業

の撤退を意思決定したりと、目まぐるしい勢いで事業の再編が進んでいます。そうした自社の経営状況を目にして、当事者（組織の一員）であるはずの従業員が「自分の会社はいったい何をめざしている会社なのか？」と、会社のめざすものを見失ってしまうという現象です。特にこの1〜2年ほど増えているように感じます。

②「あの人、何の仕事をしてるんだっけ？」症候群

人材の流動化や働き方の多様化、仕事の個業化、さらにはリモートワーク（テレワーク）の進展などにより、顔をつき合わせてコミュニケーションする機会が減り、気づけば、隣の席に座っている人がどんな人で、何をやっている人なのかも分からなくなってしまっている、といった現象です。この現象は、業種にもよりますが、近年の急激なリモートワークの普及などにより、今後ますます増えていくように思います。

③ ひーこらひーこら働いているのに気が枯れてる症候群

めざすべき目標を見失うのは、会社に対してだけではありません。ビジネスのスピードが加速し、目まぐるしい変化の波に乗り遅れまいと、日々、忙しく働く一方で、自分のキャリアや仕事においてもめざすべき目標を見失い、さらには職場でのコミュニケーションも希薄になってしまったことで、モチベーション、やる気が失われてしまう、という現象です。

　かなりふざけたネーミングとなっていますが、これらを順に見ていきたいと思います。

「うちの会社って何の会社だったっけ？」症候群

　変化の激しい時代においては、事業内容が次々と変わったり、めざす先が見えなくなったりするため、どんな企業や業種でも「自社は何の会社なのか？」が曖昧なものになり、「うちの会社って何の会社だったっけ？」という状況に陥りがちです。

　高度経済成長期は、「うちの会社って何の会社だったっけ？」といったことはあり得ませんでした。「テレビ」「洗濯機」「冷蔵庫」など多くの人にとって欲しいモノは共通していたため、企業は消費者のニーズに応えるために、ただひたすら安く大量につくりさえすればよかったわけです。「家電の会社」は10年経っても「家電の会社」であり続けることができましたし、「自動車の会社」は30年経っても「自動車の会社」だったのです。

　しかし、現代は様相がかなり異なります。以前はテレビなどの家電をつくっていたパナソニックも、今ではリチウムイオン電池から住宅まで、さまざまなものをつくっていて、「何屋」と一言で表すことは難しくなっています。トヨタ自動車の豊田章男社長は、トヨタを"自動車の会社"ではなく、"移動（モビリティ）を提供する会社"と再定義しています。現代の組織

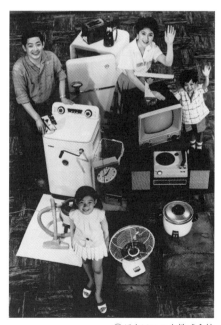

©パナソニック株式会社

は、もはや、自分たちが「何屋」であり、何をしていくのかを、日々、市場の変化に伴いアップデートし続けなければならない使命を帯びています。「組織としての目標」も「組織のめざすもの」も、日々、さまざまな変化に応じて、自ら再定義し続けなければならない時代となっているのです。

このような「うちの会社って何の会社だったっけ?」という状況では、自社の目標も見失われがちです。そうなると、当然ながら、その下位集団である「職場の目標」も見失われがちになります。

「目標を見失う」ことは人の動機、働きがいにも大きな影響を与えます。何をめざしているのか、ゴールがどこにあるのか分からない状態では、人は前に進むことができません。

経営資源の特質として考えると、「ヒト」というのは不安定で価値が定まりにくいものです。「ヒト」「モノ」「カネ」の3つの資源のうち、「モノ」と「カネ」は今日明日で大きく価値が変わることはありませんが、「ヒト」は目標を失った途端にモチベーションを失ってしまったり、承認されたことでモチベーションがアップしたりと、非常にパフォーマンスの振れ幅が大きな経営資源です。目標が見失われがちな今の状況は、働く人の動機を失わせがちな状況であると言えます。

目標が見失われがちな組織では、カオスに陥ることなく、それぞれの現場でいかにして目標を見定め、人を巻き込んで働くのか……ということが重要になってきます。

そこで多くの企業で導入され始めたのが上司と部下が短いサイクルで面談を繰り返し行う「1on1ミーティング」ではないでしょうか。短いスパンで思い出す機会をつくらなければ、自分が何をめざしているのかを見失いかねません。実際、期初面談で設定した目標は、半期と待たずに忘れられています。私たちがTwitterで行った簡単な調査(N=136)では、期初と期末に面談をするだけでは、目標を期中に思い出さない社

員が37％、２～３か月（中間面談）に一度思い出す社員は35％、常に心にとめている社員は14％であるという結果でした。

変化の激しい時代、「うちの会社って何の会社だったっけ？」という状況では、組織としてめざすものや目標が見失われがちになり、そのことが、チームメンバー全員で同じ目標に向かって進む、ということを難しくしていると言えます。

「あの人、何の仕事をしてるんだっけ？」症候群

これは、あるメーカーに勤める方が職場のコミュニケーションについて振り返って述べた言葉です。

> 気づいたら、一日誰とも会話しなかったっていう日もあるんです。すべてのコミュニケーションは社内チャットで済みますし、言った言わないの水掛け論にならないよう、文字で残したいということもあります。なので、チームであって、チームじゃないんですよ。あまりよく知らない人が、ただ自分の隣にいる。ただ、それだけです……。

隣の席の人のことすら、よく分からない、隣の席の人とさえ会話をしない。業種や職種にもよるかと思いますが、このように同僚、チームメンバーとのコミュニケーションが希薄になっているという職場は増えているのではないでしょうか。原因はいくつか考えられます。

まず考えられるのは、人材の流動化です。以前よりも転職のハードルが低くなってきており、中途採用社員が流入するなど、人の入れ替わりが多い職場などでは、同じ部署で仕事をしているにも関わらず、互いによく知らないまま、といったことも増えています。

働き方の多様化により、コミュニケーション機会が減少していることも一因でしょう。昨今では、同じ職場に契約社員、派遣社員などさまざまな形態の人がいたり、育児や介護によって時間に制約がある人がいるなど、多様な働き方の人が共に働く職場が増えています。それぞれ、働く時間帯も違えば、業務内容も異なっていたりすると、隣の席の人ともほとんど会話をしない、といったことが起きがちです。また、そもそも自席が決まっていないフリーアドレスオフィスの企業も増えており、チームメンバー同士が毎日のように顔を合わせて会話を交わす職場は減少傾向にあります。

　さらに、ビデオチャットなど、オンライン会議用ツールが気軽に使えるようになり、リモートワークの機運が高まっていたところに、新型コロナウィルスの感染拡大が重なり、在宅勤務、リモートワークが一気に広まりました。在宅でのオンライン会議などもあちこちで行われるようになってきています。

　リモートワークは、通勤時間を減らすことができたり、生産性を上げることができる一方で、お互いに仕事をしている様子やプロセス、組織が掲げる目標が「見えなくなる」危険をはらんでいます。最悪の場合、組織の一体感や組織に対するエンゲージメントなどが失われる危険もあるのです。

　実際、図表1-1のパーソル総合研究所が2020年に行った調査によると[3]、リモートワーク（テレワーク）実施前と実施後の職場の状況に関する「変化」について、「上司とのやりとりが減った」と回答した人が45.2%、「同僚とのやりとりが減った」が50.0%、「組織の一体感が低くなった」が36.4%、「組織へ貢献したい意欲・気持ちが減った」が25.6%、「組織への帰属意識が減った」が24.8%となっています。リモートワー

3　パーソル総合研究所（2020）「新型コロナウイルス対策によるテレワークへの影響に関する緊急調査」第二回調査

クという新しい働き方を推進するのであれば、こうしたネガティブな影
響を極力抑えるようなマネジメント手法を、管理職・リーダーが身につ
ける必要が出てくると思われます。

　これらの理由によって職場でのコミュニケーションが希薄になってい
ることに加えて、チームワークが成立しにくくなっている理由がもう 1
つあります。それは"オフ・ザ・ジョブ"コミュニケーション、つまり
職場外でのコミュニケーション機会の減少です。

　かつて高度経済成長期の、いわゆる「企業戦士」と呼ばれた人たちは、
長い時間職場で顔を突き合わせて仕事をした上で、就業時間後も「飲み
ニケーション」という名の"組織開発（組織を円滑に回るようにするた

【図表 1-1】テレワーク実施前後の職場の状況変化①

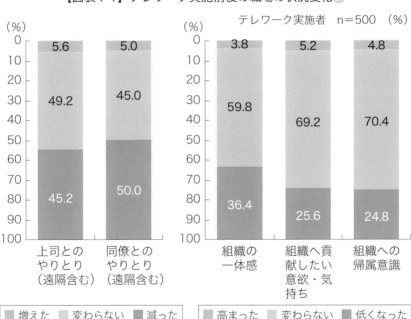

出所）パーソル総合研究所（2020）新型コロナウイルス対策によるテレワークへの影響に関
　　する緊急調査より一部抜粋　https://rc.persol-group.co.jp/news/202004170001.html

めの試みのこと)" を活発に行っていました。

　図表1-2は、一橋大学名誉教授の野中郁次郎氏が、今から約40年前の1983年に行った業績の高い課長と低い課長の違いについての研究ですが、より多くの"オフ・ザ・ジョブ"コミュニケーションを行っている課長ほど業績が高い、という研究結果が出ています[4]。この"オフ・ザ・ジョブ"コミュニケーションの中身について、詳しくは書かれていませんが、ここにいわゆる「飲み会」が含まれていると考えることもできるのではないかと邪推してしまいます。

　しかしながら、このような日本人男性大卒正社員のみを対象とした昭

【図表1-2】課長層のコミュニケーション特性

	低業績課長 (n＝169)	高業績課長 (n＝163)
方向性（オン・ザ・ジョブ）		
1. 上司との接触の頻度	3.86	3.95
2. 部　下	4.40	4.45
3. 部門内同僚	3.66	3.73
4. 他部門の人	3.45	3.57
方向性（オフ・ザ・ジョブ）		
1. 上　司	2.89	3.04*
2. 部　下	3.44	3.64***
3. 部門内同僚	3.19	3.30
4. 他部門の人	2.98	3.17**
媒体		
1. 文　書	3.39	3.46
2. 直接に会って	3.96	4.10**
3. 電　話	3.88	4.01*
4. 会　議	3.57	3.61

注：質問は5点尺度。*10％水準で有意、**5％水準で有意、***1％水準で有意
出所）『週刊東洋経済臨時増刊近代経済学シリーズ』1983年 No.65 pp.25-30　野中郁次郎「活力の原点＝日本の課長：その変貌する役割を探る」より

4　野中郁次郎（1983）「活力の原点＝日本の課長：その変貌する役割を探る」『週刊東洋経済臨時増刊近代経済学シリーズ』No.65 pp.25-30

和の"酒場コミュニケーション"も、職場の忘年会ですら参加を渋る「忘年会スルー」という言葉が登場するようになった令和時代には、通用しにくくなっています。

　毎日毎日同じ職場で肩を並べて仕事をし、残業をし、仕事帰りに酒を飲み交わすことを繰り返しながら、何年もかけてゆっくりとチームの絆を育んでいく……などといった牧歌的なチームづくりができる職場は、残念ながらもうほとんど残っていないのです。

ひーこらひーこら働いているのに気が枯れてる症候群

　目まぐるしく変化するビジネス環境への対応に疲れてしまったからなのか、企業がめざすものや目標を見失ってしまったからなのか、はたまた隣の席の人のことすらよく分からなくなってしまったからなのか……現代日本で働くひとびとのモチベーション、やる気は絶望的に失われてしまっています。図表1-3の2017年発表の米ギャラップ社による調査によると、日本は熱意あふれる社員の割合がわずか6％、調査対象139国中132位だそうで、国際的に見てもトップクラスに"低い"状況です。

　また、日本の労働生産性が先進国と比較して著しく低いということも言われ続けていますが、この「労働生産性」は「働きがいを持って働けているかどうか」と有意に相関があるということが、厚生労働省の報告によって明らかになっています[5]（図表1-4）。

　要するに、日本の働くひとびとの多くは、朝から晩までひーこらひーこら働いてはいるものの、気（＝やる気）が枯れているために、「労働生産性」が低い状態に陥っているというわけなのです。

5　厚生労働省（2019）令和元年版　労働経済の分析.

	Engaged	Not engaged	Actively disengaged
World	15	67	18
U.S./Canada	31	52	17
Latin America	27	59	14
Post-Soviet Eurasia	25	61	14
Southeast Asia	19	70	11
Sub-Saharan Africa	17	65	18
Eastern Europe	15	69	16
Australia/New Zealand	14	71	15
Middle East/North Africa	14	64	22
South Asia	14	65	21
Westem Europe	10	71	19
East Asia	6	74	20
Japan	6	71	23

米ギャラップ社の調査（2017 年発表）によると、日本は熱意あふれる社員の割合が6％で、調査対象 139 カ国中 132 位という結果となった

出所）State of the Global Workplace2017：GALLUP

これに加えて、先述したリモートワークの影響もあります。

リモートワーク（テレワーク）の事前・事後の個人の変化を尋ねた、先のパーソル総合研究所の調査（図表1-5）によると、リモートワークによって「個人の仕事への意欲・やる気が減った」が32.8％という結果も出ています[6]。

では、どうしたら「働きがい」を向上させることができるのでしょうか。残念ながら、VUCAの時代になったからといって、すぐに効果が期待される画期的な特効薬が開発されているわけではありません。

図表1-6は、先の厚生労働省の報告書にあるグラフですが、働きがい

---

6 パーソル総合研究所（2020）「新型コロナウイルス対策によるテレワークへの影響に関する緊急調査」第二回調査

【図表1-4】働きがいと労働生産性

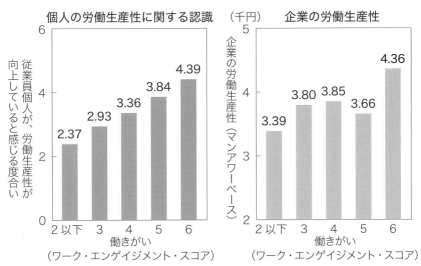

出所）厚生労働省 令和元年版 労働経済の分析 https://www.mhlw.go.jp/stf/newpage_06963.html

【図表1-5】テレワーク実施前後の職場の状況変化②

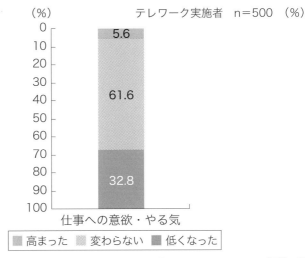

出所）パーソル総合研究所（2020）新型コロナウイルス対策によるテレワークへの影響に関する緊急調査より一部抜粋 https://rc.persol-group.co.jp/news/202004170001.html

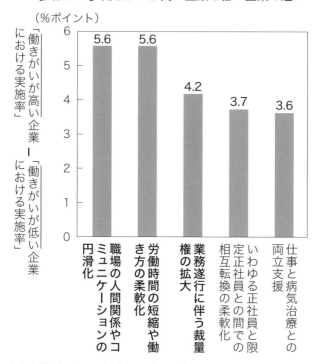

【図表1-6】働きがいが高い企業と低い企業の違い

（％ポイント）

「働きがいが高い企業」における実施率 ー 「働きがいが低い企業」における実施率

- 職場の人間関係やコミュニケーションの円滑化：5.6
- 労働時間の短縮や働き方の柔軟化：5.6
- 業務遂行に伴う裁量権の拡大：4.2
- いわゆる正社員と限定正社員との間での相互転換の柔軟化：3.7
- 仕事と病気治療との両立支援：3.6

出所）厚生労働省 令和元年版 労働経済の分析　https://www.mhlw.go.jp/stf/newpage_06963.html

が高い企業とそうでない企業を比較すると、その差が大きいのは「職場の人間関係やコミュニケーションの円滑化」がトップであることが分かります[7]。「働きがい」や「モチベーション」など、人についての問題は、結局のところ、「労働時間の短縮や働き方の柔軟化」「職場の人間関係やコミュニケーションの円滑化」など、「半径3メートルから5メートル位で起きている職場の問題」を地道に解決していくしか方法はないのです。ひとびとの働きがいやモチベーションを高める魔法の杖はありませ

7　厚生労働省（2019）令和元年版　労働経済の分析.

ん。地に足をつけた地道な習慣──たとえば上司が部下に関心を持ち、日々声をかける、といった試みの蓄積が、重要なのです。

　さて、ここまでを総括し、あなたの所属するチーム（会社、職場など）の様子を振り返ってみてください。

●**あなたの会社、職場の状況を振り返ってみてください。**

①「うちの会社って何の会社だったっけ？」症候群

　➡目標が不透明になっていませんか？

②「あの人、何の仕事をしてるんだっけ？」症候群

　➡コミュニケーションや相互の関心が希薄化していませんか？

③ひーこらひーこら働いているのに気が枯れてる症候群

　➡やりがい、エンゲージメントが低下していませんか？

(**POINT**)

◆**外部環境の変化**

・事業環境の変化スピード増大

・仕事内容の高度化

・働く人の多様化（育児や介護を抱えながら仕事をする人、外国籍の社員、中途社員の増加）

・働き方の多様化（リモートワーク・テレワーク、時短など）

▼

◆**日本の現場がうまくいかない＝「チーム」の機能不全**

・チーム目標の喪失

・チームメンバー間の相互理解の欠如

・チームで行う仕事へのやる気減退

チームの求心力を高めるために必要なリテラシー不足

　ここまで見てきたように、VUCA時代の今、日本の職場の多くが、以下のような状態に陥っています。

　1）目標が不透明で、
　2）関係は希薄で、
　3）気が枯れている

　自分たちがどこへ向かっているのか分からず、周囲との関係も希薄で、やる気も起きない……このような不安定な状態では、意識は外に向き、ひとびとの心は組織から離れがちです。どうしても組織の内側へ向かう力（求心力）よりも、外へ向かう力（遠心力）の方が大きくなります。

　ふわふわと離れつつあるメンバーたちの心を何とか繋ぎ止めて、求心力をつくるためにどうすればいいのでしょうか。

放っておくと「遠心力」が働いてしまう　➡　組織開発によって「求心力」を働かせる

　求心力を高めるために、組織全体ですべきこととして、「組織開発」という方法があります。組織開発とは、近年、注目されている以下のような組織変革の手法です。

組織開発とは

１）組織が抱える課題を調査などによって「見える化」し、

２）そのデータを組織メンバーで共有し、「対話」を行い、

３）自分たちの組織のあり方を自分たちで決めていくこと

　組織開発とは、より具体的には、毎年、多くの企業で行われている従業員サーベイや従業員満足度調査と、その結果をフィードバックされる機会などを思い浮かべていただければと思います。企業によっては、職場ごとにチームビルディングなどを行なっているところもあるかもしれません。

　組織開発には、会社全体といった大きな組織から事業部門、部門・部署、課というようにサイズや構成によってさまざまなアプローチが考えられますが、最終的には、半径３メートルから５メートルの小さな集団、「チーム」でどのようにチームワーク向上を図るか、というところに行き着きます。多くのひとびとが、日常の長い時間を過ごすのは、半径３メートルから５メートルの小さな集団だからです。その影響力は最も大きいのです。

　どうしたらチームメンバー全員がそれぞれの能力を最大限発揮し、助け合いながら目標を達成できるのか。これは人類にとって、チームでナウマンゾウを倒していた頃から変わらぬ永遠のテーマかもしれません。どんな巨大企業でも、大切なのは「半径３メートルの世界」なのです。アマゾン・ドット・コムには「Two pizza team：ツーピザチーム」という言葉があるそうです。チームで、もっとも生産性や創造性が上がる

のは「２枚のピザでみんなの食事が足りるぐらいの小さなチーム」だということです。

　半径３メートルから５メートルの世界が多くのひとびとにとっての身近な集団であるならば、チームワークの鍵を握るのは、やはり「管理職・リーダー」であることは間違いありません。ですが、チームワークはリーダーによるリーダーシップ発揮だけでは成り立ちません。チームで何が起きているのか、チーム活動をつぶさに見ていくと、リーダーだけでなく、チームメンバーもリーダーシップを発揮して、主体的に活動していることが分かります。リーダーのみの独力で、チームを率いていくことは、不確実性の高い現代の社会では実に難しいのです。むしろ、これからはチームメンバーが主体的に動き、自らのチームの動きや成果に「当事者意識」を持って初めて、チームは高い成果を出せるのです。

　皆さんも、うまくいったチーム活動のことを思い出してみてください。

　良いチームとは、大抵「あのリーダーは素晴らしかったけれど、メンバーもそれぞれみんな最高だった」というものではないでしょうか。つまり、チームワークは本来、「管理職・リーダー」だけの問題ではなく、「チーム全体の問題」であり、「チームメンバー一人ひとりの問題」であるはずなのです。

　しかしながら、「管理職・リーダー」研修は盛んに行われている一方で、すべての人に向けてチームワークについての施策、取り組みを行っている組織はそれほど多くありません。というのも、これまで多くの日本企業が「日本人・男性・大卒・正社員」を中心に雇用してきたこともあり、「チームワークなんて、長い時間同じ職場にいれば、いつの間にか生まれるものだ」と思われていたからです。実際、それで何とかなってきたところがあったために、チームワークは"教えられてこなかった"のです。

　しかし、時代は変わりました。会ったばかりのメンバーと短期間で革

新的な成果を生み出すことが求められるVUCA時代の今、私たちは「チーム」がダイナミックに動き出すまで、長い時間はかけられないのです。

　こういう時代にあっては、リーダーもメンバーも同様にチームワークについての知識を持ち、刻々と変化する状況に対応しつつ、スピーディにチームをつくり、スピーディに課題を設定し、スピーディに課題解決していかなければ、間に合わなくなっているのです。つまり、チームワークは、すべてのひとびとが学ぶべき必修科目になりつつあるということです。

既存のチームワーク理論をアップデートせよ！

　このように現代の組織にはただでさえ「遠心力」が働いています。放っておけば、人の心がふわふわとチームから離れていってしまう現代ほど、ひとびとの力をまとめ、成果を創出するための「チームに関する研究知見」が求められている時代はありません。しかし、すでに存在しているチームワークに関する研究、チームに関する書籍などは、こうした問題について何か有用な解決策を提示してくれているでしょうか。

　中には大変貴重な知見も存在します。しかし、残念ながら、私たちは、ここにさらなる発展の可能性を感じます。

　チームワークについて書かれた本を探しに書店へ行ってみると、チームワークに悩んでいる人が多いためでしょうか、さまざまな本を見つけることができます。どの本も理想のチームワークのあり方について書かれていますが、本当にデータに基づいた確かな議論ができているか、というと、疑問が残るものもあります。

チームというのは、「誰もが何かしらの実体験を持っている非常に身近なテーマ」だという特徴があります。そのため、理想のチームやチームワークについて尋ねれば、「一家言」あるという方も少なくないでしょう。かくして、チームに関する書籍は、「私のチーム論」になりやすいのです。「チームワーク」は誰もが自分の実体験をもとに容易に語れるテーマだからこそ、私たちはしっかりとしたデータの裏付けをもとに、地に足のついた説得力のある議論を展開する必要があるように思います。

　たとえば、一般的なチームワーク本には「チームワークにおいて大切なのは最初の目標設定だ」と書いてあります。もちろん、メンバー全員で目標を設定し、それを共有することは、チームワークにおいて欠かせないプロセスです。

　それはその通りなのですが、それができていてもなお、うまく機能しないチームは少なくありません。なぜなら、「チームの目標」は、設定したその瞬間から忘れられていく運命にあるためです。このような前提を踏まえると、私たちが向き合うべき問いは「どのような目標を設定するか？」よりも、「目標設定をしてもうまくいかないのは、なぜなのか？」ではないでしょうか。

　実際、多くの企業の職場では、期初に目標を設定し、それに向けて計画を立て、行動に移す、というやり方をしています。ですが、ビジネス環境の変化が激しいVUCAの時代、期初に立てた目標は、すぐにピント外れなものになり、変更が迫られることも多々あります。また、さまざまな環境変化にさらされ、対応が迫られる中で、当初の目標が忘れられてしまう、といったことも起こりがちです。目標設定が重要であることに対して異論の余地はありませんが、「目標は最初に設定したらそれで終わり」でいいのか、疑問が湧いてきます。

　こうした目標設定に関するいくつかの問いについても、実データを用いながら、「地に足をつけて探究すること」が重要です。

　また、ものの本には「関係の質が大切だ」という記述も見受けられます。確かにチームワークはお互いの信頼関係の上に成り立つものですが、「まずは関係の質を高めるところからだ！」と、チーム立ち上げ期にメンバー同士の「関係の質」を高めようと飲み会や合宿をして親睦を深めたものの、いざチームでの活動をスタートすると、一度築いた関係が壊れることを恐れて肝心なことが言い出せなくなり、結局、成果が上がらなかった、といったことが起こることもあります。これはなぜなのでしょうか。

　ここで問われなければならない「地に足のついた問い」とは「私たちの現場では、どのようなタイミングで、どのように関係の質を構築すればいいのか？」「私たちは、どのタイミングで関係の質を深め、それらを維持するためには何が必要か？」ということです。ここに一歩踏み込んで、より役に立つ処方箋を提供することが、本書の眼目です。

　本書をしたためるにあたり、私たちは「私のチーム論」から距離を置き、「地に足のついた問い」を立て、ケースとデータをもとにチームを論じていこうと思います。

　次に、既存のチームワークについて書かれた本を読むと、もう1つの傾向が見て取れます。それは、「海外から輸入された古典的仮説で、しかしながら十分にデータを用いて検証されていないもの」を紹介している書籍が、非常に多いということです。「私のチーム論」も問題ですが、この「データに基づいて検証されていない議論」も、重ねて問題です。

　たとえば、既存のチームにまつわる書籍の中では、必ずといっていい

ほど、図表1-7のような図を目にします。これは心理学者のブルース.
W. タックマンが提唱したチーム形成モデル、通称「タックマンモデル」
と呼ばれるものです。

　タックマンモデルでは、チームは①形成期（Forming）②混乱期
（Storming）③統一期（Norming）④機能期（Performing）の４段階
（⑤散会期Adjourningを含めて５段階で示すものもある）のステップを
経て、発展し、機能するようになるのだと説明されます。より具体的に
は、チームが動き出すときには、最初に形成期という時期を経て、いっ
たんチームに混乱や葛藤が生じる混乱期が生まれる。しかし、しだいに
チームメンバーが、チームの中で規範（Norm）をつくり始め、チーム
は統一に向かう（統一期）。そして統一期を経たチームが成果を創出す
る（機能期）ということを指し示しています。

【図表1-7】効果的なチームになるための基本ステップ（タックマンモデル）

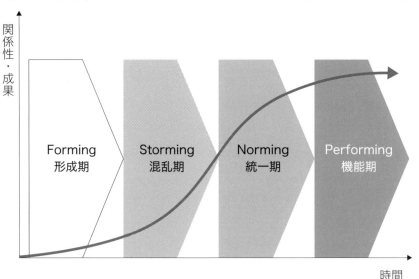

出所）Tuckman, B. W.（1965）

　タックマンモデルは、とても分かりやすく、直感的にも理解しやすいモデルだと思います。しかし、読者の皆さんの中に、実際にこの図の通りの経過をたどったチーム活動を経験した方はどれほどいらっしゃるでしょうか。

　実は、この議論は、タックマンが1965年に提示した「仮説」であり、実際のデータによる検証を経たものではありません。しかも、タックマンは、このチーム形成期モデルを「実際の職場」ではなく、「実験状況における小規模のグループ形成のプロセス」において、そのグループが発展していく過程を仮説として提案しました[8]。つまり、このチーム発展のプロセスとされているものが主張されたコンテキスト（文脈）は、必ずしも実社会を念頭においているわけではなかったのです。

　チーム研究の中心は、実験室などで、チームにパズルなどの架空課題に取り組ませたり、まったく課題を与えないで、おのずと起こるチーム形成を検証する研究も少なくありません。それはそれで有効な知見なのですが、そこで得た原則が、実社会に本当に適用可能かは、十分精査する必要があるのではないかと私たちは考えています。また、あくまで仮説であって、実際にデータを持って検証されているわけではありません。さらには、これは海外での知見であって、国民性、文化的特性の異なる日本においても、同様なプロセスを経るのかどうかは分かっていません。

　実際、私たちが過去に経験してきたチームを振り返ってみても、きっちりこの図の通りにチーム形成が進むことは、あまり多くないと言えます。

　過去に皆さんが経験したチームのことを思い浮かべてみてください。最初から最後まで混乱期は一度も無かった、という場合もあれば、最初から最後まで混乱期だった……ということもあったのではないでしょう

8　Tuckman, B. W. (1965) Developmental sequence in small groups. Psychological Bulletin. Vol.63 pp.384–399

か。リアルなチームでは、このように一方向に進むようなモデルでは説明のつかないことが多々起きるものです。

とりわけ、変化の激しい今の時代には、「目標設定、活動計画、役割分担が重要だ」「最初に関係の質を高めたら後はうまくいく」などと、チームを動かす要諦を「手続き」として捉えること、また、「チームは4つの段階を経て形成されるものだ」などと、チームを「固定的な段階を経て、順を追って発展していくもの」として見ることが時代に合わなくなってきているような気がしています。

かくして私たちは、既存のチームにまつわる知見をいったん脇に置き、「チームワークについての考え方」を、実データに基づきながら、VUCAの時代に合った形で、アップデートする必要があるのではないかと考えました。「V：変動」「U：不確実」「C：複雑」「A：曖昧」の荒波を乗り越えるには、"既存のチーム"とは異なった視点で捉えなければならないと考えるようになったのです。

本書をしたためるうえで、私たちが持った壮大な仮説は、チームを「常に動き続ける」ダイナミックな存在として捉えることです。リーダーだけが動くのではない。チームメンバーが主体的に動く。チームメンバーは自分の仕事だけでなく、チーム全体を見つめ、フィードバックし続ける。そうした中でチームが言わば「生き物」のように変化し続けながら成果を出していくのです。決して、チームを「静止したもの」と捉えてはいけません。チームはまさに「生き物」のように常に動き続けているのです。

動的でダイナミックに変化するチームを目標に向かって前に進めていくには、一人のリーダーでは限界があります。すでに述べたとおり、チームのメンバー全員がチームを率いるリーダーだという自覚を持ち、チーム全体を俯瞰する視点を持って、リーダーシップを発揮する。こう

した新たなチームについての考え方、「チームワーキング（Team＋Working：チームが常に動いている状態）」の術をすべてのひとびとが持つ必要があるのではないか、という思いが、この本の出発点です。

　大事なことなので繰り返します。

　チームにまつわる既存の考え方、これまでの常識を、いったん脇に置いて、今一度、私たちの現場で、チームや職場で起きていることをつぶさに観察し、分析してみることから始めましょう。そこには、私たちが本書で論じる「常に変化し続けるチームの姿（Teamworking）」が見えてくるはずです。

　本書を書き記すにあたり、私たちが意図したのは、私たちが「チームを見つめるまなざし」をアップデートすることです。それは言わば、チームの中で動き、考え、成果を創出することをめざす「私たちのOS」を再インストールすることに他なりません。

　第2章以降では、この詳細について、いよいよ紹介していきたいと思います。

第**2**章

チームは常に「動き・変化」している
チームワーキングとは何か？

TEAM
WORKING

成果の出るチームと出ないチームとの違い

　前章では、なぜ今、私たちがチームのあり方を見直さなければならないかを説明しました。「チームをいかに動かすか」に関しては、これまでにも古今東西さまざまな研究知見が蓄積されており、それらの知識の中には、非常に役立つものもあります。そして、私たちはこれまで、これらの知識を、多くの学生やビジネスパーソンの皆さんに教えてきました。私たちは、年間で数百ほどのチームに対して、チームによる課題解決の指導を行ってきました。

　しかし、一方で、ここに忸怩たる思いも持ち続けてきました。

　チームにまつわる既存の理論や原理を、どんなに言葉を尽くし、伝えても、チーム[9]がダイナミックに機能しない様子を、いやというほど見てきたからです。

9　チーム研究では、「チームワーク」は「タスクワーク」と対比される概念として用いられることがあります（Crawford & LePine 2013）。タスクワークとは、メンバー各人が割り当てられた課題・タスクに取り組むことを指します。一方、チームワークとは他メンバーと協働するために相互作用することを意味します。ただし、三沢（2019）が指摘するように、チームの取り組む課題がメンバー間での協働を強く求めるような、相互依存性が高いものであるほど、タスクワークとチームワークの境界は曖昧になります。実際、職場におけるチームの多くは、高度に相互依存的で、緊密に相互作用しながら協働しており、タスクワークとチームワークを対比する概念として区分することは、必ずしも妥当ではないと考えます。そこで、本書では、チームワークを「チームの成果を最大化するために遂行されるチームの諸行動」と定義し、各人が業務を遂行するタスクワークはチームワークを構成するチーム行動の一要素として位置づけることにします。

Crawford, E. R., & LePine, J. A. (2013). A configural theory of team processes: Accounting for the structure of taskwork and teamwork. Academy of Management Review, 38 (1), 32-48.

三沢良. (2019). チームワークとその向上方策の概念整理. 岡山大学大学院教育学研究科研究集録, (171), 23-38.

　これまで、私たちは学生にチーム活動の要諦を知ってもらうため、著名な海外のチーム研究者たちが積み重ねてきた先行研究の知見から、特に有用だと思われる理論を引用し、あの手この手で工夫しながら教育の現場で伝えてきました[10]。学生たちがつまずかないよう、「まずはしっかりみんなで話し合って、目標を立てましょう。しっかりコミュニケーションを取りながら進めましょう。ときには耳の痛いフィードバックも必要です」などと、チームの組み立て方を、1つずつ丁寧に、ステップを踏ませて、伝えてきたつもりです。しかし、このようなチーム研究の理論を教えても、なかなかうまくいかないのです。

　そこで初心に戻り、1つひとつのチームを観察することから始めることにしました。私たちが仕事をしている現場で、生のデータを取得することから、もう一度、すべてを考え直すことにしたのです。

　観察してみて、すぐに分かったことがあります。

　それは、**チームの発展とは「一方向にステップを踏んで起こるもの」ではない**ということです。むしろチームとは「生き物」のように、日々、変わり続けていることが分かりました。

　最初からうまくいくチームもあれば、最初から最後までダメなチームもあります。最初は良かったのに後半でコケるチームもあれば、最初はダメだったのに後半に立て直すチームもあり、チーム活動の発展の様子

10　チームワークの行動的側面に着目した「チームワーク行動（teamwork behavior）」という研究領域の中で実証的な研究がなされています。具体的な内容はルソーらのレビュー論文（2006）に詳しく、ルソーらはチームワーク行動を「チームパフォーマンスの統制」と「チームメンテナンス（対人関係）の管理」に大別しました。前者には、目標の設定、計画、協働、課題遂行状況のモニタリング、相互調整などが含まれます。また後者には、心理的なサポートやコンフリクトのマネジメントなどが含まれます。

Rousseau, V., Aubé, C., & Savoie, A. (2006). Teamwork behaviors: A review and an integration of frameworks. Small group research, 37 (5), 540-570.

は、一様ではありません。そして、その様子は、あたかも「生き物」のように日々変化するのです。

ここで私たちはハッと気付きました。

これまで、私たちがチームに関して教えるときには、「チームが一方向に発展すること」を「前提」として、その上で何をやればいいかを、「ステップ」で教えていた、ということです。

たとえば、学生たちが、チーム活動を始める際、私たちは「まずは、皆で共有できるような目標を立てなさい。次にゴールから逆算して計画を立て、役割分担しなさい。その後はお互いに連絡を取り合い、助け合って活動しなさい」といった具合に、大まかな手順を、授業ごとに伝えます。最初はどのチームでも言われたとおりに、目標を立て、計画を立て、役割分担して活動を始めます。学生は、言われたとおりに「ステップ」を踏んでさまざまな活動を実施します。もちろんこれで、良い成果を出せるチームもありますが、そうでないチームも多々あります。

なぜ、このような違いが生じるのでしょうか。なぜ、ものの本や先行研究にあるチームワークの要諦を守るだけでは、成果が出ないのでしょうか。

これはこういうことなのです。

たとえば「目標設定」について言えば、学生たちはみんな、チームのキックオフミーティングでしっかりと目標を立てています。ですが、逆にいうと「それで終わり」なのです。成果を上げられないチームは、決まってその目標を振り返ることも、見直すこともありません。つまり、目標を立てっぱなしなのです。目標を立てることがゴールになってしまっていると言ってもいいかもしれません。

　それは、「関係づくり」についても同様です。相互理解を深めるために、最初に自己紹介したり、活動についての抱負を話し合ったり、連絡先の交換をしたりはしています。むしろ、非常に仲が良く関係の質も良好のように見えます。しかし、役割分担をした後は連絡をほとんど取り合わず、中心的な一部のメンバーが個々に連絡を取るだけになってしまうチームも少なくありません。

　私たちは、観察をとおして、こうした状況に気づき始めた頃から、これを定量的なデータでも把握しようとしました。前述したように、2018年、立教大学経営学部ビジネスリーダーシッププログラムの内部に「データアナリティクスラボ」とよばれるデータ分析組織を設け、課題解決を行う学生チームに関するデータをさらに細かく調査、分析するようになったことで、それを実現してきました。

　「データアナリティクスラボ」では、立教大学経営学部中原淳研究室が公益財団法人電通育英会の財政的支援を受け、本書の著者の一人である田中聡さんを中心に、舘野泰一さん、高橋俊之さん、小森谷祐司さん、加藤走さん、木村充さんらの研究者、事務局、学生スタッフ（DA：データアシスタント）が総掛かりで、チームワーク、リーダーシップのデータを調査・分析しています。

　そこでは、全チームを対象に、授業中のパフォーマンスを計測し、それを学生の意識調査やチームでの成績、評価データと合わせて分析します。それにより、個々のモチベーションの状態やどの程度パフォーマンスが発揮できているのかなど、学生の状態をリアルタイムで把握することができるようになっています。もちろん、定量的なデータだけではなく、学生に半期に一度、ブラインドフィードバック調査[11]を行い、定性

11　授業の評価や改善を目的として、授業の受講生に匿名で行うインタビュー調査のこと。

的なデータを集めたり、個別のヒアリング調査なども行っています。

　分析結果は授業改善や教育の質向上に活かされるよう、日々、教員や学生、教授会や全学の会議などにフィードバックされています。

　データアナリティクスラボでこのようなチームワークの可視化を続けながら、データの分析を行っていくと、徐々に成果の出るチームと成果の出ないチームとの違いがはっきりと見えてきました。そして、それは、これまで「定説」とされてきたチームワークの先行知見とは少々異なるものだったのです。

成果の出るチームは、"チームの見立て"が違う

　チームワークについての大規模データの分析結果から見えてきたのは、「成果の出るチーム」と「成果の出ないチーム」との違いは、既存の理論で言われている行動を取ったか、取らなかったか、というだけの差ではない、ということです[12]。

　では、違いはどこにあったのでしょうか。

　その差は、そもそも「チームをどのようなものとして見るのか？」「チームワークをどのようなものとして考えるのか？」という「チームの見立て」にありました。そこで私たちは、チームの成果を決めている

12　チーム研究では、チームの成果を測定する際、次の３つの指標が有効であるという報告がなされています。１つめは、チームのパフォーマンスです。チームのパフォーマンスは成果物に対する第三者の客観的な評価によって測定される指標です。２つめは、チームメンバーの主観的な満足度。３つめに、チームメンバーの一体感または所属意識があります。本書で扱うチームの成果は、主にチームのパフォーマンスを取り上げています。Hackman, J.R. (1987), The design of workteams. In J.W.Loush (Ed.), Handbook of organizational behavior, Englewood cliffs, NJ: Prentice-Hall.

のは、「チームにおける行動」以前に「チームやチームワークというものに対して、私たちがどのような視点を持つのか」に違いがあるのではないかという仮説を持ちました。

　まず、「成果の出ないチーム」の諸特徴から見ていきましょう。

　成果の出ないチームでは、チームメンバーは「一人のリーダーが率いるもの」であり、「一度定めた目標に向かってまっすぐ進んでいくもの」と見立てているという特徴があります。

　そのため、チームワークは「リーダーが中心となってチームの目標と各自の役割を設定し、それに従って各メンバーが与えられた役割を着実に行うこと」だと捉えているのです。

　この考え方に従えば、最も大事になるのが「初期のアクション」ということになります。チームが形成された初期にどれだけ綿密に戦略を立て、役割分担できるかが、チームの最終的な成果に大きく影響すると考えるのです。

　一方、「成果の出るチーム」の諸特徴は、これとは異なります。

　成果の出るチームでは、チームメンバーは、チーム＝「全員でリードするもの」であり、チームを「常に想定外の変化をする、動的でダイナミックなもの」と見立てていました。

　動き続けるチームを目標に向かって前に進めるために、「チーム全員が、チームの状況を俯瞰するチーム視点を持ち、チーム視点で目標を見つめ、相互にフィードバックし合うこと」をチームワークだと捉えています。

　こうしたダイナミックな考え方では、「期中にもアクションし続けること」が最も重要視されます。期初に設定した目標と現状にズレはないか、当初設定した課題（イシュー）を見直す必要はないか、お互いに役

割を遂行できているか、などをチーム視点で定期的に振り返り、適宜、チームの行動を補完し合うことで、目標達成に近づけていこうとするのです。

　これを表にまとめてみると、次のようになります。

	成果の出ないチーム	成果の出るチーム
チームをリードする人	一人のリーダー	チームメンバー全員
チームの見立て	一度定めた目標に向かってまっすぐ進んでいくもの	常に想定外の変化をする、動的でダイナミックなもの
チームでの活動の捉え方	リーダーが中心となってチームの目標と各自の役割を設定し、それに従って各メンバーが着実にタスクを遂行すること	チーム全員が、チームの状況を俯瞰するチーム視点を持ち、チーム視点で目標を見つめ、相互にフィードバックし合うこと
大事なポイント	「期初」のアクションが重要（目標設定、戦略策定、計画立案、役割分担など）	「期中」にもアクションし続けることが重要（目標の見直し、「解くべき課題」の再設定、役割見直し、相互フィードバックなど）

　以上のようなチームワークについての大規模データの分析結果を踏まえて、チーム（Team）を「動き続けるもの（workingしている存在）」として、私たちは考えることにしました。

　また一人ひとりがリーダーとして、変化するチームの全体像を捉えながら前進させていく、ダイナミックなチームワークのあり様を、「Team＋Working」ということで「チームワーキング（Teamworking）」と名づけ、本書のタイトル、そしてメッセージとしたのです。

「〜ing形」を用いた理由は、刻々と変わるチームのダイナミックスを表現したかったからです。

チームとは、常に刻一刻と変化し、チームの構成員メンバーの貢献によって「常に変わり続ける（〜ing）」ものなのです。成果を出していくためには、まず、チームを「チームワーキング」の視点で捉え、「常に動き続けるもの、常に変わり続けるもの（〜ing)」だと認識していることが極めて重要です。

チームを見つめる３つの視点

前節では、成果の出るチームに特徴的なチームワークのあり方を「チームワーキング」というコンセプトでご紹介しました。チームワーキングは、「チームに対する見立て」です。成果を上げるためには、チームを決して「一度定めた方向に、まっすぐ発展していくもの」と捉えず、「常に変化し続けるもの」と捉える必要があります。

では、チームをどう見ていけばいいのでしょうか。チームを「チームワーキング」の状態に導くために、メンバーに必要な「視点」をより具体的に表したのが、以下の３つの視点です。

「チームワーキング」に必要な「チームを見つめる３つの視点」

① 「チーム視点」
　：チームの全体像を常に捉える視点
② 「全員リーダー視点」
　：自らもリーダーたるべく当事者意識を持ってチームの活動に貢献する視点
③ 「動的視点」
　：チームを「動き続けるもの、変わり続けるもの」として捉える視点

　ここからは、この「チームを見つめる３つの視点」を具体的に論じていきたいと思います。

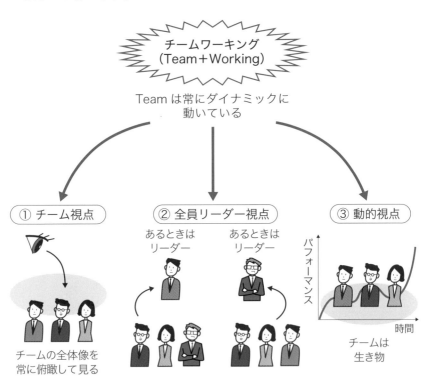

▶ ❶「チーム視点」とは

　「チーム視点」とは、チームがダイナミックに変化し続けていく状態を、常に俯瞰して見る視点のことです。平たくいえば、チームメンバー個々人が「チームの全体像」を常に捉える視点を持つことです。

　チームの中で仕事をしていると、だんだんと「チームの一員としての私」になってしまい、自分にあてがわれた「部分の仕事」に集中することで、次第に全体が見えなくなってきます。チーム全体を見る視点がなくなると、「自分の仕事」に終始してしまい、情報共有がまったく生まれない状態が起こりやすくなります。

目線を上げて
チーム全体で
見る

・目線が下がって自分の
　仕事しか興味がない

・他人やチーム全体の
　ことは関係がない

67

自分の仕事がチーム全体の目標にどうつながっているのか、またチーム全体の中でどの部分を担っている仕事なのか、などチームの一員でいながらも常にチーム全体を見る「チーム視点」を手放さないようにすること、常にチーム全体の動きに思いをはせることが重要です。

　それでは、なぜ、チームワーキングにチームの状態を俯瞰して見る「チーム視点」が必要なのでしょうか。それは、チームを前に動かしていくためには、チームが今、どのような状態なのか、全体像を把握した上で、チームに適切に働きかけを行う必要があるからです。言い換えると、全体像が把握できなければ、今、自分が何をなさなければならないのか、チームにどんな働きかけをすればいいかが分からないからです。

　これに類する話は、近年、サッカーなどの集団スポーツの指導において、その重要性が指摘されるようになった「スキャニング（Scanning）」に見て取れます。

　スキャニングとは、選手が実際のプレイを行う前に、「上空も含み、自分がいる場所の全体を俯瞰的に看取る情報収集活動（認知）のこと」を言います。スキャニングが発達している選手は、実際にプレイする直前に、どこに敵の選手がいるのか、どこにチャンスが存在するのかを瞬時に観察し認知します。ボールを蹴り出す前に、意図的かつ能動的にボールから目を離し、周囲を観察することで、周囲の状況を認知します。この高度な認知の結果、精度の高いプレイを行い、チームに貢献することができる、と言います[13]。

　一方、自分のプレイや自分だけに耽溺するスキャニング能力の低い選

13　Vestberg T, Gustafson R, Maurex L, Ingvar M, and Petrovic P（2012）Executive Functions Predict the Success of Top-Soccer Players. PLoS ONE 7（4）: e34731

　　Williams, A. M., Davids, K. Burwitz, L. & Williams, L. G.（1994）Visual Search Strategies in Experienced and Inexperienced Soccer Players. Research Quarterly for Exercise and Sport. 65（2）pp.127-135

手は、そもそも全体が見えていないために、的確なプレイを行い、かつ、チームに貢献することはできません。

　総じて人間とは、どんなに意識していても、「自分の視点」だけに耽溺してしまいがちな存在です。たとえ、集団でいたとしても、自分の視点だけでものを考え、自分の視点だけで行動しがちです。

　このように自分の視点で物事を考えてしまう人間の思考を、心理学では「自己中心性バイアス」と言います。

　このことをよく知らせる事例に、「目が見えない人と象」というインド発祥とされる寓話があります。六人の目が見えないインド人たちが、それぞれ象の別々の部位に触れ、「象は壁のようだ、象はヤリのようだ、象はホースのようだ、象は木の幹のようだ、象はうちわのようだ、象はロープのようだ」とそれぞれが異なった特徴を述べ、全体像を掴むことができない、という寓話です。

　こうした自己中心性バイアスは、子どもが陥りやすいと思われるかも

しれませんが、そうではありません。

神戸大学の林創氏らの研究によれば、小学生のみならず、高校生や大人においても自己中心性バイアスを持ちうるとされ、「自分だけが知っている情報」に左右されて、他者の感情の強さを歪めて判断してしまう場合があることが明らかになっています[14]。

とかく、チームで仕事をしているときには、この自己中心性バイアスが「問題」となってあらわれやすいものです。メンバーそれぞれが、それぞれの作業に取り組むにしたがって、全体像が失われていく。チーム作業では、全体最適ではなく部分最適になっていく、ということが起こりやすいのです。

よく仕事の現場では、「2つ上の立場（上司の上司）に立ったつもりで考え、行動しろ」と言われますが、この教えも「チーム視点」を持つためのアプローチの1つと言えます。

では、どうすればチームを俯瞰して見る視点を獲得し、チームの全体像をつかむことができるのでしょうか。「チームを俯瞰して見る」とはいうものの、チームが活動する様子を、まさかヘリコプターに乗って、上空から眺めるわけにはいきません。

実際には、チームの一人ひとりがどの方向を向いているのか、どのような思いを持って何をしているのかを観察したり、コミュニケーションを取ったりすることで、チーム全体の動向を把握し、「俯瞰する」のです。

具体的にチームの全体像とは、「①チームの中の私は、今、何をしているのか？」「②チームの中のあなた（たち）は、今、何をしているのか？」「③私たちは今、何をめざして何をしているのか？」といった内

14　Hajime, H. & Mina, N（2019）Egocentric bias in emotional understanding of children and adults Journal of Experimental Child Psychology. pp.224-235.

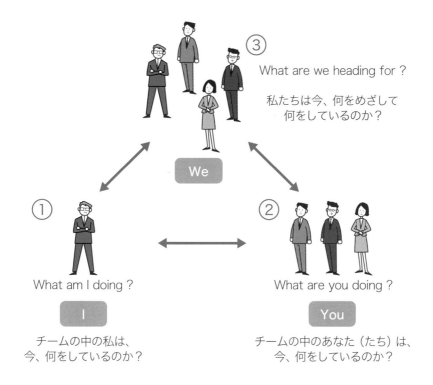

容の概念です。これらの情報から、解像度を上げて、チームの全体像を
イメージできるかどうかということが重要です。

　一般に①の「I（私は何をしているのか）」の部分にだけ、メンバーの
興味・関心は集まってしまいがちです。チームの効果を高めるには、
「I」に加え、②の「You（他人が何をしているのか）」、③の「We（私
たちは何をめざしているのか」を常に把握していくことが重要です。

❷「全員リーダー視点」とは

　「全員リーダー視点」とは、文字通り、機会があれば、全員が「リー
ダー」になりうるという前提で、自ら当事者意識を持ってチーム活動に

貢献する視点です。

　全員リーダーというコンセプトは、リーダーシップの最新理論として近年注目を集める「シェアド・リーダーシップ（shared leadership）」の考え方に由来しています。

　一般に、リーダーと言えば、チームの先頭に立ってメンバーに指示を出したり、周囲を巻き込んで組織を引っ張るような人を連想する人が多いかもしれません。あるいは、経営層や管理職など「組織の長」をイメージする人もいるでしょう。こうしたイメージは、1970年代半ばに、ハウスらによって提唱された「カリスマ型リーダーシップ」に由来すると考えられます[15]。

　しかし、シェアド・リーダーシップの考え方によれば、リーダーとはある特定の人物を指すものではありません。カリスマ性があり、革新的なビジョンを掲げて組織を率いる一人のリーダーのリーダーシップに頼るのではなく、「職場やチームに所属するメンバー全員が、チームの成果を高めるために必要なリーダーシップを発揮しているチームの状況」を指して、シェアド・リーダーシップと言います。

　それでは、なぜ今、多くの組織やチームで、シェアド・リーダーシップが求められているのでしょうか。その背景には、事業環境の不確実性・複雑性の増大が挙げられます。いくら有能なリーダーといえども、一人の個人で対処できることには限界があり、日々刻々と変化する事業・組織の課題に対処することは不可能と言えるでしょう。むしろ、そうした事業環境の不確実性・複雑性が高まる状況では、ある特定の個人に頼るのではなく、チームに属する全員がリーダーとなって、チームの成果を最大化するために必要なリーダーシップを発揮する方がチームのパフォーマンスが高まると考えられています[16]。

15　House,R.J.（1977）"A 1976 theory of charistmatic leadership", in J.G.Hunt and L.L.Larson eds, Leadership: The Cuffing Edge, Southern Illinois University Press, pp.189-207

　実際、立教大学の石川淳氏の研究によれば、シェアド・リーダーシップがチームのパフォーマンスに与える影響は、タスクの不確実性が高い状況でより強まることが実証されています[17]。

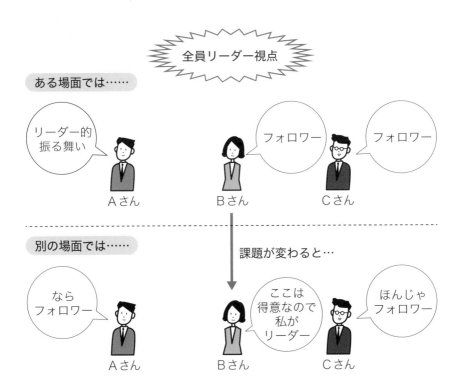

16　シェアド・リーダーシップとチーム業績の関連について実証した42個の先行研究をメタ分析したワンらの論文によれば、シェアド・リーダーシップとチーム業績には正の関連があることが報告されています。
　　Wang, D., Waldman, D. A., & Zhang, Z. (2014). A meta-analysis of shared leadership and team effectiveness. Journal of applied psychology, 99 (2), 181.
17　石川淳 (2013). 研究開発チームにおけるシェアド・リーダーシップ：チーム・リーダーのリーダーシップ，シェアド・リーダーシップ，チーム業績の関係. 組織科学, 46 (4), 67-82.

「誰かがリーダーなのではありません。全員がリーダーになりうるのです」

「あるとき、あなたがリーダーであれば、他はよきフォロワーになります。あるとき、誰かがリーダーになれば、あなたはよきフォロワーになるのです」

こうした視座こそが、「全員リーダー視点」です。

全員リーダーとは、チームの動きに、全員が主体的に関わる気概を持つことであり、腹を括ってアクション（率先垂範）することでもあります。

全員がリーダーシップを発揮しなければならない
楽団、TAOのシェアド・リーダーシップ

1991年に結成された室内オーケストラ楽団、東京アカデミーオーケストラ（TAO）は全員が他に仕事を持つアマチュア楽団。活動歴は2021年で30年目を迎えます。

最大の特徴は「指揮者がいない」こと。指揮者のリーダーシップに委ねるのではなく、メンバー同士で率直に意見を交わし、合意形成しながら、音楽をつくりあげていくのだと言います。

以下、TAOの田口輝雄さん、室住淳一さん、益本貴史さんと中原との対談記事から一部を紹介します。

■ 練習の質を左右するファシリテーターの存在

中原：練習するにもプランニングが必要ですよね。指揮者がいない
　　　状況で、誰が計画を立てるのですか？

益本：曲ごとにコンマス（コンサートマスター）が変わるのですが、
　　　それぞれ担当のコンマスが曲全体のグランドデザインから練
　　　習の計画立案までを行います。何しろ10回しか練習できな
　　　いので、いつまでにどの程度の仕上がりを目標にするか、そ
　　　のために今日はどこまでやるかなどをしっかりマネジメント
　　　しないと本番に間に合いません。コンマスがどれだけ準備し
　　　て臨んでいるかが、練習のクオリティを大きく左右します。

中原：練習中はどんなことを議論されるのですか？　音楽って、人
　　　によって好みが分かれるものでしょう。

益本：音楽性を議論するというのは想像がつきにくいかと思います
　　　が、単に好みを語り合うわけじゃないんです。逆にいうと、
　　　全員の好みが一緒ということはありえないので、コンセプト
　　　やグランドデザインが必要になります。それに共感できれば、
　　　「じゃあ、今回はそれで行こう」とコンセンサスができると
　　　いうわけです。

中原：なるほど、コンマスはファシリテーションも行うのですね。

益本：私の場合、まずはざっくりと大枠のゴールのイメージをみん

なに伝えて、演奏してみます。その上で、演奏しては意見交換するということを繰り返しながらリハを重ねていき、最終的には全員のコンセンサスが取れた状態でコンサートを迎える、というのが理想的なパターンです。とは言え、どうしてもコンサート直前にならないとまとまってこないところはありますが（笑）。

中原：意見がガンガン対立することもありそうですね。

室住：しばしばありますね。全員が自分なりのイメージを持っている有名な曲の方が、意見を合わせるのが難しい気がします。それでも、最後は「今回はこれでいこう！」とまとまるのがTAOのいいところです。

■ 全員がメタ認知能力を発揮するとうまくいく

中原：全員のコンセンサスをつくるのは難しそうですが、ポイントはありますか？

益本：ロジカルに説明できるかどうかが重要ですね。「ここはなんとなく小さくしたい」というのではなく、「この部分を小さくして、次のパートを際立たせたい」などと論理的に伝えるのです。そこで音を出してみて、「なるほど」となれば、みんなが納得して次に行けます。

中原：そうか、実際に音を出して検証すれば、お互い納得しながら

　　　進めていけるわけですね。オーケストラならではの合意形成
　　　だなあ。

室住：練習の様子はすべて録音し、メーリングリストで共有していますので、練習後、振り返りができるのもオーケストラのいい点です。演奏中は自分の楽器の音しか聴こえていないところがあるので、録音を聴くと、「あ、自分の音はこんな風に聞こえるんだ。コンマスの言う通りだった」などと客観的に捉えられる。その意味でも納得した形でコンセンサスがつくりやすいのかなと思います。

中原：全体の録音を聴き、指揮者のような気持ちで客観的に自分の演奏をつかむわけですね。

室住：そうですね。そもそも全員がパート譜だけでなく、指揮者用の総譜（スコア譜）を持って演奏していますので、まさに全員が指揮者のようなものかもしれません。それぞれが演奏者と指揮者を行ったりきたりするような、メタ認知能力がないと、自分のパートの主張だけをすることになってしまいます。みんなそのことを意識しているので、互いに厳しい指摘をし合うことがあっても、人間関係が崩れることはないですね。

『Learning Design』2019年3〜4月号　Good Teamのつくり方「指揮者のいないオーケストラ（後編）」より

❸「動的視点」とは

　「チームワーキング」において最も重要なのが、チームを「動き続けるもの、変わり続けるもの」として捉える、「動的視点」です。

　これは、チームメンバーも事業内容や市場環境も大きな変化がなかった時代においては、あまり重視されていなかった考え方です。長年同じチームで仕事をしているメンバー同士で、前年度とほぼ同じ目標を、ほぼ同じやり方で達成すればいい、という状況であれば、目標も、スケジュールも、役割分担もほとんど見直す必要はなく、期初に設定した目標を期中に一度だけ進捗確認をし、期末に目標の達成状況を確認する、といったやり方でも十分機能するでしょう。チームは変化しないもの、動くことがないものだからです。

　しかし、変化の激しい環境下では、そうはいきません。常にルールの変わるゲームをプレイしている状況を想像してみてください。それぞれが緊急対応しなければならないことが山積みです。外部環境が刻々と変化する状況下では、期初に決めた目標に沿って各々が淡々と業務をこなしていく……、というわけにはいきません。会社、あるいは部署としての方針を確認しつつ、各チームメンバーがどのような課題に直面し、どのような業務をやっているのかを常に情報共有しながら、状況変化に合わせて、目標を握り直したり、それぞれの業務を調整したりしていく必要があります。

　次々と変化する環境では、常にチームは「動き続けるもの、変わり続けるもの」として捉える「～ing思考」を持ち、変化を捉えながら、自分自身も行動を変えていく必要があるわけです。

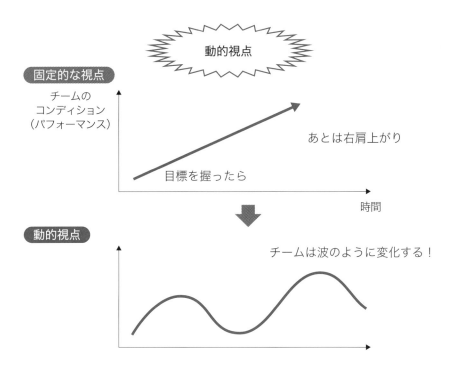

チームを一方向にステップを踏んでいくものと捉えてはいけません。
チームは変幻自在な「生き物」のようなものです。

　ここまで「チームを見つめる 3 つの視点」について論じてきました。
読者の中には、「視点」という抽象的な概念に、思わず面食らった方も
いらっしゃるかもしれませんし、まだその効能に関して疑問をお持ちの
方がいらっしゃるかもしれません。しかし、このチームに対する見立て
をアップデートすることが、チームに対して具体的な行動を考える以前
に、必要なことであると、私たちは信じています。
　これまでの関連書籍では、チームを動かすための具体的な方法（ハウ
ツー）について、真っ先に示されているのに対し、この本では、まず、

その前に「チームをいかに見つめるか」を論じています。このことをどこか哲学的に感じられる方もいらっしゃるかもしれません。しかし、それでも私たちは、チームを見つめる「視点」の重要性を繰り返し主張せざるを得ません。物事をどう捉えるのかは、人が行うすべての行動の源泉となるものです。

> たかが「視点」
> されど「視点」

なのです。

「チームをいかに見立てるか」という意味で、メンバー全員にこれら「3つの視点」が共有されていなければ、どれほどチームが前のめりな行動を取ろうとも、うまくいきません。チームをチームワーキングの状態に持っていくためには、チームメンバー全員がまずは「3つの視点」をしっかりと理解し、共有することが非常に重要です。

【エクササイズ】

　チームメンバーと一緒にここまでを読み、振り返りをしてみましょう。

1. 自分たちのチームが活動していく中で、チーム全体の様子が見えにくくなったと思うときはありましたか？　それは具体的にどんなときでしたか？　エピソードを話し合ってみましょう。

2. 自分たちのチームでは、お互いがリーダーになったり、フォロワーになったりすることがありますか？　あなたはどんなときなら率先してチームを動かすことができますか？

3. これまで、自分たちのチームの活動が沈滞してしまったと感じる瞬間はありましたか？　そのときはどうしたらいきいきと動き出せましたか？

チームワーキングを生み出す３つの行動原理

　「チームを見つめる３つの視点」について理解していただいたところ
で、次に私たちが見通していくのは、いよいよ、具体的な「行動」です。
　今、私たちは、自らのチームを「チームワーキング」の状態に導くた
め、具体的に何をしていくべきなのでしょうか。
　人間とは、アクション・オリエンティッド（行動志向）な存在です。
「チームを見つめる３つの視点」は、すべての行動の源泉、基盤となる
「オペレーティングシステム（OS）」のようなものです。しかしながら、
実際の仕事はOSが行うのではありません。基盤となるOSの上でアプ
リケーション（アプリ）が動くことが重要です。
　それでは、私たちはいかなるアプリ（＝行動）を自らにインストール
していけばいいのでしょうか？

　具体的に、私たち一人ひとりが、外的に観察可能なかたちで、「チー
ムワーキング」の状態をつくりだすための行動を、ここでは３つの行動
にまとめていきましょう。
　私たち立教大学経営学部データアナリティクスラボでは、成果の高い
チームに関するデータを分析する中で、「チームワーキング」の状態を
生み出すためには、大きく分けて、以下３つの具体的行動が重要である
ことを突き止めました。これらを「チームワーキングを生みだす３つの
行動原理」として、１つひとつ解説していきたいと思います。

> ### チームワーキングを生み出す3つの行動原理
>
> 1．Goal Holding（ゴール・ホールディング）
> 　：目標を握り続ける
> 2．Task Working（タスク・ワーキング）
> 　：動きながら課題を探し続ける
> 3．Feedbacking（フィードバッキング）
> 　：相互にフィードバックし続ける

　まず、これら3つの具体的な行動は、すべて「〜ing形」であること
に注意してください。チームのある一時期に、ゴール設定する、タスク
を推進する、フィードバックする、では成果が上がりません。重要なの
は、そうした行動を、「常に取り続ける」ことなのです。こうした動的
視点の意味を込めて、すべての具体的行動を「ing形」で表現していま
す。以下、それぞれ見ていきましょう。

❶Goal Holding（ゴール・ホールディング）
　：目標を握り続ける

　チームで活動を始めるにあたって、まずはゴール設定をする、という
ことは基本中の基本です。既存のどのようなチーム本やチームワークの
研究においても、チームを動かすためには最初にゴール、目標を設定
（Goal set）しましょう、と書いてあります。たとえば、チームとして
の目標設定がチームのパフォーマンスに与える影響を検討した先行研究
をレビューしたオーラリーらの論文[18]によれば、チームとしての目標設
定がチームのパフォーマンス向上に有効であることが報告されています。

18　O'Leary-Kelly, A. M., Martocchio, J. J., & Frink, D. D. (1994). A review of the influence of group goals on group performance. Academy of management journal, 37 (5), 1285-1301.

また、チーム目標を設定することが重要なのではなく、それがメンバーによってどのように受け止められているかが重要であることも指摘されています。たとえば、オーブらの研究[19]によれば、メンバーが達成可能で、かつ達成することに魅力を感じるような目標が設定されている状況では、チームのパフォーマンスが高くなることが明らかになっています。

　しかしリアルな社会においては、いくらこれらの要件を満たした目標を設定しても、それだけではダメなのです。私たちの観察とデータに関する限り、それだけでは成果が上がりません。重要なのは、チームメンバー全員が「目標を握っている状態」をいかに維持していくかなのです。

　チーム活動の初期にゴール設定をしただけで、その後、確認したり、見直したりしないまま、チーム活動を最後まで進めていってしまうとどうなるでしょうか。チームで課題解決をして時間が経っていくと、チームが置かれている環境にも、次々といろいろな変化が起こります。所与の条件が変わったり、競争相手に変化がおとずれたりと、外的環境が刻一刻と変化するのです。それぞれのチームメンバーは、そうした外的環境の変化をそれぞれに感じ取り、考えています。そうすると、次第に、メンバーの認識にも「ブレ」が起こってきます。外的環境の変化が、チームメンバーを「揺さぶる」のです。
　このような中、チーム活動の初期に、目標設定を一度しただけで、その後、確認したり、見直したりしないままに、チーム活動を最後まで進めていってしまうと、メンバーの気持ちや考えに「揺れ」が起こっているので、その実行や探求には、身が入りません。最初にきちんと設定し

19　Aubé, C., & Rousseau, V. (2005). Team goal commitment and team effectiveness: the role of task interdependence and supportive behaviors. Group Dynamics: Theory, Research, and Practice, 9 (3), 189.

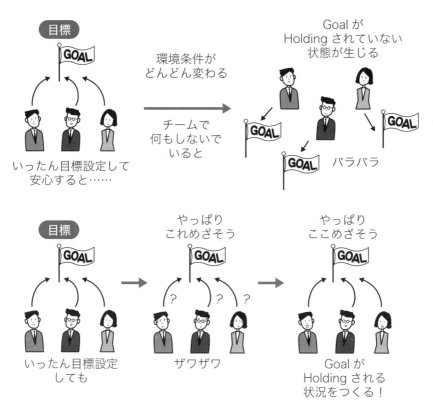

たはずの目標が途中で見失われたり、実情に合わないものになってきてしまったりして、気がつけば、行先が分からず、みんなバラバラの方向へ向かっていた、見当違いの場所に行き着いてしまった、という事態を招いてしまいます。

　そうならないように、常にめざすゴールはどこか、実現したいことは何かを全員で確認し合いながら、「目標を握り続け（Goal Holding）」なければならないのです。同時に、オープンに情報共有を行い、自分たちの今の立ち位置とゴールとの位置関係を見ながら、ゴール設定は今のままでいいのか、見直していくことも必要です。

　成果の高いチームでは、最初から最後まで、全員がチーム視点を持ち

ながら、常に目標を握り続けている状況、ゴールをホールドし続けている状況が確認されました。これを裏付ける具体的なデータは次章以降で詳述します。

❷ Task Working（タスク・ワーキング）
：動きながら課題を探し続ける

　チームで目標を設定したら、次は、目標を達成するための課題解決を行っていくフェーズに入ります。

　ここで既存の課題解決について書かれた書籍を読んでみましょう。そうした書籍には、大抵２つのことが書かれています。

　１つめは「課題とは設定された目標（理想）と現状とのギャップのことを指し、そのギャップを埋めることが課題解決である」ということです。

　加えて２つめには「課題解決で最も重要なことは、まず解くべき課題とは何かを最初に考えてから（課題設定をしてから）、課題解決に向かうことである」とも記されています。何も考えずに、メンバーそれぞれが手当たり次第に行動してもチームの目標を達成できることはありません。まずはアクションする前に、しっかりチームで解くべき課題を十分に吟味することが重要だというわけです。

　しかし、ここで私たちは、この２つの紋切り型の文言には、「陥りがちな罠」があることを指摘しておきたいと思います。

　１つめは、課題を吟味することが目的化してしまい、いつまで経っても課題が見つからないと嘆き、先に進むことができなくなってしまうことです。今、多くのチームが直面している問題には、初めから解くべき課題が明らかになっている「シンプルな問題」など、ほとんど残されていません。それだけ「解くべき課題」を見つけるのは難しい作業なのです。最初の課題設定で、精度100％の「真の課題」をめざそうとすると、このような状況に陥りがちです。

　２つめは、チームで時間をかけて定めた課題なのだからと固執し、フォーカスして取り組むことで、いつのまにか目標とズレた方向へ進んでいってしまう。つまり、「解くべき課題を設定したら、あとはアクションあるのみ」ではダメだということです。

　こうした「解くべき課題の罠」に陥ったチームを、これまで、私たちは数多く目にしてきました。読者の皆さんも思い当たる節があるのではないでしょうか。

　それでは、そうならないためにどうしたらよいのでしょうか。

　そこで、私たちが提案したいのが、動きながら解くべき課題を探究し続ける「タスク・ワーキング（Task Working）」というアプローチです。タスク・ワーキングとは「解くべき課題を探し続けること」を言います。そのプロセスは、最初は「仮決め」でもいいので、大まかな課題の方向性を定め、何らかの探求を行ってみて、折に触れて振り返り「これで行けるかな？　ちょっと違うかな？」と修正しては、またやってみることです。最初の課題設定で、精度100%の課題をめざすわけでもなく、課題をいったん設定したら、それで満足してしまうわけでもありません。常に手を動かしながら、課題はこれでいいのかと考え続ける。常に課題はこれでいいのか、と考えながら手を動かし続ける。このように小さな仮説を検証するサイクルを頻度高く繰り返していくことで、課題の解像度が上がり、行動の精度も高まって、目標達成につながる効果的な課題解決ができるのです。私たちの研究で、高い成果を上げるチームでは、こうしたタスク・ワーキングがきちんと行われていることが分かりました。

　重要なことなので繰り返しますが、「課題の精度は、アクションして仮説検証を繰り返していくことでしか高めることはできない」ということです。これを図に示してみると、以下のようになります。

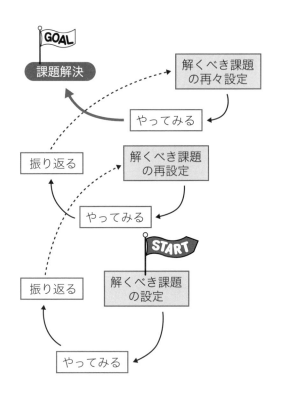

❸Feedbacking（フィードバッキング）
：相互にフィードバックし続ける

　チームワーキングを導く具体的行動の中で、もう1つ重要なことは、課題解決を行いながら「チーム全員で相互フィードバックをし続ける」ということです。

　ここでのフィードバックとは、「チームの状態・行動・成果について、耳の痛いことも含めて、自分が何を感じているかを、相互に伝え合うこと」です。

　チームで動いている際は、それぞれが「このままの雰囲気で進むとう

まくいかないかもしれない」「あの人、何を考えているのか分からない
な」「これは私がやりたかったことと違うかも……」などと、お互いに
さまざまなことを思っているものです。しかし、チーム活動の最中には、
同調圧力があったり、関係性を重視するあまり言い出しにくかったりし
て、こうしたチーム内の問題を、なかなかはっきり口に出すことができ
ません。

　もともと日本の職場は、長期的に形成された人的ネットワークの下、
必要以上のコミュニケーションを取らなくても、チームの暗黙知が共有
され、お互いを理解し、察し合う文化があり、あうんの呼吸で作業をす
ることができていました。それは、製造業の現場では、「すり合わせ力」
と言われています。
　チーム研究でも、チームメンバー同士がお互いに知識・理解・認識を
共有し合っている程度（メンタルモデルの共有度）がチームのパフォー
マンスに影響を与えることが指摘されています[20]。
　たとえば、茨城大学の大沼沙樹氏の研究によれば、チームメンバーが
お互いにどのような知識を持っているかという知識構造の共有度が、組
織の成果にプラスの影響を与えていることが明らかになりました[21]。ま
た、九州大学の秋保亮太氏らの研究では、チーム内でメンタルモデルが
共有されている場合、チーム内での対話は組織の成果に影響を与えず、
一定の高いパフォーマンスを示していたのに対し、チーム内でメンタル
モデルが共有されていない場合は、チーム内での対話が少ないと組織の
成果も下がることが実証されました。この結果が示唆するのは、メンタ

20　チームのメンタルモデルは「チーム認知」という研究領域の中で一定の研究蓄積があり
　　ます。
21　大沼沙樹. (2017). チーム・メンタルモデルが組織成果に及ぼす影響. 日本経営学会誌,
　　38, 29-41.

ルモデルを共有しているチームであれば、多くのコミュニケーションを取らなくても成果を上げることができるということです[22]。

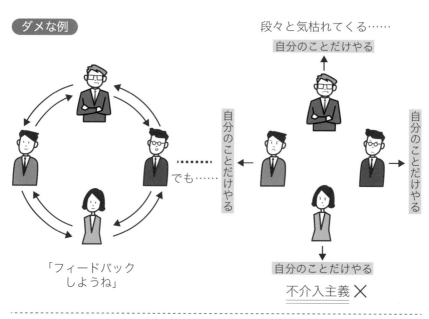

ダメな例

「フィードバックしようね」

でも……

段々と気枯れてくる……

自分のことだけやる

自分のことだけやる

自分のことだけやる

自分のことだけやる

不介入主義 ✕

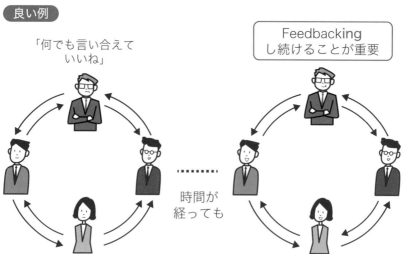

良い例

「何でも言い合えていいね」

Feedbacking
し続けることが重要

時間が
経っても

　しかし、ここで注意したいのは、ある一時期に、チームメンバーの中でメンタルモデルが共有されていれば、メンバー間のコミュニケーションが必要ない、ということではありません。メンタルモデルは、ただ共有度が高ければいいというものではなく、正しい知識が共有されているかどうかが重要という、メンタルモデルの正確さを指摘する実証研究もあります[23]。つまり、間違った知識、ズレた認識がいくらメンバー間で共有されていたとしても、それらはチームの成果につながらないということです。

　言われてみれば当然のことですが、これまで「あうんの呼吸」「暗黙知」で仕事を進めてきた日本のチームが機能しなくなっている現状を考える上で、示唆に富む指摘ではないでしょうか。

　やや研究の話に脱線してしまいましたが、要するに、お互いに分かり合えているという意識を改め、少しでも違和感を覚えたことがあれば、チームの状態・行動・成果に関して、自分が思っていることを相手に伝え合い、お互いにフィードバックし合うことが重要だというわけです。

　実際、私たちの研究でも、高い成果を上げるチームは、活動が続いている間、常に互いにフィードバックをし続けられているということが分かっています。

22　秋保亮太, 縄田健悟, 中里陽子, 菊地梓, 長池和代, & 山口裕幸. (2016). メンタルモデルを共有しているチームは対話せずとも成果を上げる：共有メンタルモデルとチーム・ダイアログがチーム・パフォーマンスへ及ぼす効果. 実験社会心理学研究, 55 (2), 101-109.

23　Banks, A. P., & Millward, L. J. (2007). Differentiating knowledge in teams: The effect of shared declarative and procedural knowledge on team performance. Group Dynamics: Theory, Research, and Practice, 11 (2), 95.

> ### チームワーキングを生み出す3つの行動原理
>
> 1. Goal Holding（ゴール・ホールディング）
>   ：目標を握り続ける
> 2. Task Working（タスク・ワーキング）
>   ：動きながら課題を探し続ける
> 3. Feedbacking（フィードバッキング）
>   ：相互にフィードバックし続ける

　さて、ここまで「チームワーキングを生み出す3つの行動原理」について説明してきました。読者の中には、何となく分かったけど、もう少し事例に即して考えてみたいという方もいらっしゃると思います。

　第3章からは、これらの原理を実際の職場でいかに活用していくかについて、さらに深掘りして学びます。そこで私たちの重要な学びのリソース（資源）になるのが、ケース（物語）とデータ（数字）です。

　本書では、私たちが、これまで収集してきた「チーム活動でよく起こりがちな罠」を3つのミニケース（物語）であらわしています。読者の皆さんは、このケースを自分で読んで、自分だったら、どのように行動するか。そして、何がこのチームの成否を決めていたのかを考えながら、読んでみてください。ケース（物語）は、読者の皆さんに、具体的な状況の中でどのように振る舞ったらいいのかを考える、良い機会を提供してくれるでしょう。

　もう1つのデータに関しては、立教大学経営学部データアナリティクスラボがこれまで収集してきた、チームワーキングの原理・原則・行動に関するデータを用いています。数字を通して、読者の皆さんは、成果の違いをはっきり目にしつつ、チームワーキングの原理・原則について学ぶことができると思います。

第**3**章

目標を設定するのではない、握り続けるのだ
ケースとデータで学ぶ
Goal Holding

TEAM
WORKING

第2章では、チームを動かすための、言わばOSとなる「チームを見つめる3つの視点」を紹介しました。私たちは「チーム視点」「全員リーダー視点」「動的視点」を持ってチームを見つめ、主体的な行動を取らなくてはなりません。高い成果を出すためには、これらの視点を駆使して、「チーム」が「ワーキング」している状態を、常にホールド（維持）し続けなければならないのです。

　OSを獲得したあとに必要なのは、個別のアプリケーションです。

　本書では「チームワーキングを生み出す3つの行動原理」として、「Goal Holding（目標を握り続ける）」「Task Working（動きながら課題を探し続ける）」「Feedbacking（相互にフィードバックし続ける）」という3つの行動を紹介しました。

　本書の第3章から第5章では、これらのアプリケーションについて詳しく解説していき、チームを動かすための具体的行動を学び取っていただきたいと考えています。

　しかし、読者の中には、「チームを動かすための行動を、本から学べと言われてもねえ。チームを動かすスキルとは、チームを動かした経験からしか学び取ることはできないんじゃないかな」と、思われる方がいらっしゃるかもしれません。おっしゃる通りです。

　「人の学び」を促す最もパワフルな要因は、言うまでもなく「本」ではなく、「現場における経験」です。

　つまり、Learning by Doing：実践することを通じて学ぶことです。しかし、このことは必ずしも、人は現場における直接経験から「しか」学べないということではありません。誰もが学びに最適な直接経験を、最適なタイミングで得られるわけではありませんし、また直接経験からの学びというのは試行錯誤を含みますので、非常に学習効率が悪いのもま

た事実です。このように変化の早い時代にあって、私たちは何とかして、他人の経験を通して、言わば「間接経験」から学び取ることができないかと考え、以下 2 つの学びの素材をご用意しました。

　本書では、読者の皆さんが、「チームワーキングを生み出す 3 つの行動原理」を学ぶための素材として、各章にミニケースを用意しました。現場ではよく起こる事例（物語）を使ってケースを書いていますので、チームのつまずきの原因は何か、どうすればよかったのか、まずはご自身で考えてみてください。その上で、解説をお読みになってください。

　本書がもう 1 つ用意した「学びのリソース」は数字（データ）です。ミニケースのあとには、チームワーキングを生み出す各行動原理についても、その論拠やデータを示しながら具体的にお伝えしていきます。数字を通して、さらにチームを動かす原理について深く納得することができるでしょう。

　その後、再びケースの解説を読んでいただき、理解を深めていただければと思います。

　チームにまつわる「物語」と「数字」を用いて、すべてのひとびとがチームを動かすスキルを学べることを、本書ではめざします。もし本書をチームメンバーの皆さんと一緒にお読みの方がいらっしゃったとしたら、一度ケースについて各人で読み、チームメンバーでディスカッションをしてみてください。その後で、解説や数字（データ）のパートをお読みになると、より深い学びにつながると思います。

　それでは第 3 章は「Goal Holding（目標を握り続ける）」から始めましょう。なぜ目標を握り"続ける"ことが重要なのでしょうか。ケースを読み、一緒に考えていきましょう。

【本書で紹介するデータ：チームワーク調査の概要】

[調査目的]
チームの成果に影響を与えるチームワーク要因を明らかにすること
[調査対象者]
2019年度ビジネスリーダーシッププログラム受講生（経営学部2年生）
および授業運営スタッフ（学生アシスタント10名）
※授業運営スタッフは各チームのアウトプットを客観的に評価
[調査項目]
・チームワークの行動的要素：目標管理度・関係構築度・タスク遂行度など
・チームワークの態度的要素：チームコミュニケーション、社会的手抜きなど
・チームワークの認知的要素：共有メンタルモデルなど
・チームのパフォーマンス：主観的評価・客観的評価
・チームメンバーの属性：性格特性、情動知性など
・その他
[調査時期／手法]
T1：チーム発足時点（チームでの課題解決を行う初期段階）／2019年5月初旬
T2：チーム解散時点（チームでの課題解決を行う最終段階）／2019年7月中旬
[有効回答者]
T1：チーム発足時点（チームでの課題解決を行う初期段階）／260名（60チーム）
T2：チーム解散時点（チームでの課題解決を行う最終段階）／237名（60チーム）
[有効回答者]
WEBアンケート調査
[調査主体]
立教大学経営学部データアナリティクスラボ（公益財団法人電通育英会寄附型
研究プロジェクト）

　今回の調査は、公益財団法人電通育英会からのご支援を受け、2018年度から
2020年度までの3年間の寄附研究プロジェクト「大学初年次教育のリーダーシッ
プ教育の効果性に関する研究プロジェクト（研究代表者：中原淳、研究主担当
者：田中聡）」の一部として実行されました。

　　　　　出所）中原淳・田中聡（2021）「チームワークに関する実態調査」

チームワーキング・ケース 1

「空中分解した社内記念式典」

≣ 10年目の記念式典

　町村裕太は、中堅の IT 企業、BEE システム株式会社の企画部で働く20代の一般社員です。この会社では、イベントスペースを貸し切り、創業10周年の記念式典を開くことになりました。

　BEE システム株式会社は創業者である井村大輔社長が10年前に数名の仲間と共に立ち上げたスタートアップベンチャーです。創業以来、生き馬の目を抜くような IT 業界で確固たる地位を築き上げました。ここ数年は業績も右肩上がりで推移し、従業員数も増え続け、今や300名に近づいています。あと一歩で大企業の仲間入り、という節目の年となる創業10周年の記念式典は、「会社をここまで成長させてくれた人たちと共に10周年を祝い、次の10年の更なる躍進に向け、スタートを切る場にしたい」という社長の肝入り企画として役員会で発案されました。

　この記念式典の実施には、営業部、開発部、経理部、企画部の各部署から一名ずつ、元気の良い20代後半の社員が集められました。営業部からは糸井みか、開発部からは佐藤巧、経理部からは西岡あまね、そして企画部からは町村裕太が選抜されました。

プロジェクトのキックオフミーティングの冒頭で、社長から、次のような話がありました。

　「今回の記念式典の企画は、我が社の今後の10年を担う若手である君たちに、主体的に考えてもらいたい。企画をゼロから立ち上げることは、リーダーシップの育成にもなるだろう。ぜひ、忌憚なく議論を進めた上で、1か月後、チームでまとめた企画書を持ってきて欲しい。期待しているよ」

≡ 3つの方向性

　社長からの激励を受けた後、メンバーは早速、記念式典企画のためのミーティングに入りました。とは言え、メンバーはこの日がほとんど初対面。各部署を代表する若手社員が集まっていると聞き、全員がやや緊張の面持ちです。
　会議室には、ホワイトボードと机が配置されており、たまたまホワイトボードの近くに座っていた町村が、司会を担当することになりました。
　「どのような記念式典にしたいか、まずは各部署の代表として意見を聞かせてください」

　口火をきったのは、経理部の西岡です。
　「今回、社長は、この記念式典のために500万円をかけてもいい、とのことです。せっかくですから、日頃頑張っている社員のみんなが大いに楽しめる、サプライズ感のある盛大な会にしましょう！」

　営業部の糸井はこう言います。

　「過去 10 年、うちの会社がビジネスを拡大することができたのは、多くのお客様からの支持があったからですよね。そう考えると、今回の記念式典には、いつも支えてくださっているお客様も招待するべきです。営業としては、単に 10 周年を祝うだけでなく、お客様に感謝することも忘れてはいけないと思います」

　開発部の佐藤が続けます。
　「社長は日頃から『次の 10 年が勝負だ』と言っています。うちの会社のシステム開発が、今後 10 年にわたって、どんなビジネスをしていくのか。そのビジョンを一般社員に見せることも、この会の重要な目的だと考えます」

　町村は、各自の意見をボードに書きこみながら、それぞれが自分の得意な領域を担当するのがいいのではないかと感じ、「自分はまとめ役に徹しよう」と考えました。
　そこで、「三人の意見は、どれも外せない大事なポイントだから、三人の視点をうまく盛り込んだ企画ができたらいいよね。僕は企画書づくりが大得意だから、みんなからの案をばっちりカッコいい企画書にまとめるよ。プレゼンも経験豊富だから、そこも任せて」と伝えました。

　議論は午後 9 時を回っても続き、最終的に次のことが決まりました。

・記念式典の目的は「10 周年を盛大に祝い、顧客に感謝を伝えつつ、将来の会社の躍進を構想できるような会を開くこと」
・顧客まわりは営業部の糸井が、社内向けの将来のビジョンづくり

に関しては開発部の佐藤が、イベント会社を使った派手な演出に関しては経理部の西岡が主担当になって企画を詰め、それらを企画部の町村がまとめて、1か月後の社長向けプレゼンに臨む。

・それぞれのコンテンツには、全体時間の3分の1ずつくらいの時間を割り当てる。

この日はオフィスの消灯時間が迫っていたこともあり、ここまで決まったところでお開きになりました。1か月後のプレゼンまでにもう少し話し合って詳細を詰めたいところでしたが、各自の業務が多忙で、全員が集まる時間がなかなか取れそうにありませんでした。そこで、社内チャットで連絡を取りつつ、各自、企画をまとめて町村に送り、町村が1つの企画書にまとめるという方向で進めていくことになりました。

☰ 進む作業

それから1か月、四人はそれぞれ自分の役割に沿って企画のつくりこみを進めました。全員集まってのミーティングは行いませんでしたが、町村は「何かあったらいつでも連絡して」と伝え、各自の進捗を見守ることとしました。

西岡はイベント会社と連絡を取り、人気ロックバンドにライブ演奏をやってもらう手はずを整えていました。記念式典にロックバンドというのは、少々突飛なアイデアかと思いましたが、BEE社には若手のシステムエンジニアが多いので、記念式典で人気ロックバンドが演奏すれば、社員たちに喜んでもらえるだろうと考えたのです。ただ、人気ロックバンドの予定が押さえられるかどうかが分から

なかったので、町村には「ロックなサプライズゲストが来るので期待して欲しい」とだけ伝えていました。

　糸井は張り切って、大勢の顧客を集めるプランをつくっていました。当初の予定は50名ほどでしたが、声をかければ100名くらい集客できそうな目途がつきました。できるだけ多くの顧客に向けて、社長からは日頃の感謝を伝えて欲しいと考えていたので、「100名は少し多すぎるかな？」とも思いつつ、「100名ほど集客できそうです」とメンバー宛にチャットで伝えました。特に返事はなかったものの、既読マークがついたので、他のメンバーからも了承を得たと思っていました。

　佐藤は、経営層に対して「これからの10年、BEE システム株式会社がいかにして競合他社をはねのけ、躍進していくか」についてヒアリングを行いました。経営幹部たちは、若手社員である佐藤が経営戦略について熱心に尋ねる姿に感心し、快く話してくれました。佐藤は、それらを20分程度のプレゼン資料にまとめました。その後、佐藤は、「記念式典では、自分がつくったプレゼンを、社長から発表してもらうつもりだから、その時間を取っておいてほしい」とチャットを通じて町村に伝えました。町村はチャットで「OK」と応じました。

　町村は、「ロックなサプライズゲストって誰だろう？　お客様100名も呼んで会場に入りきるのかな？　経営戦略の話ってお客様の前でしても大丈夫なのかな？　そもそも、会社の記念式典って、何をする会なんだろう？」などと、若干気になったところもありましたが、それぞれが業務で忙しくて集まる時間が取れないので、

「まあ、いいか。自分はまとめ役に徹しよう」と、口をはさむことはありませんでした。

「みんな優秀だし、それぞれ責任持ってしっかりやってくれる人たちだから、彼らに任せておけば、きっと素晴らしいイベントに仕上げることができるだろう」とあまり心配せず、三人から企画が上がってくるのを待っていました。実際、上がってきた企画案はそれぞれ素晴らしかったので、つなぎ合わせて企画書を仕上げました。

≡ 社長へのプレゼン

さて、井村社長へのプレゼン発表日当日。町村は、社長に意気揚々とプレゼンを始めました。他の三人も、それぞれが任された範囲の作業は進めることができていたので、大きな不安はなく、「あとは町村がしっかりプレゼンしてくれるだろう。もしかしたら社長から、お褒めの言葉をいただけるかもしれない」とすら思っていました。

ところが、プレゼンを進めるにつれ、社長の表情が曇っていきます。「どうしたのだろう？」と町村は不安になってきました。プレゼン終了後、社長は腕を組んだまま、じっとうつむいていました。

しばし沈黙が流れた後、社長は重い口を開きました。

「君たちが忙しい業務の傍ら、それぞれの作業を進めてくれたのは分かっている。だから、こんなことを言うのは忍びないのだが、この企画は……企画になっていない。この記念式典は、いったい何のためにやるんだ？

君たちの計画によると、私はこの会の間、100名のお客様にご挨

挨をしなくてはならない。お客様の多くは年配の社長さんたちだ。しかし、その間はロックバンドのライブが行われている。会の最後には、我が社の経営戦略を語ることになっているが、そこに大切なお客様が同席するのはどうだろう？　社員向けに語る我が社の経営戦略を、お客様に聞かせていいのだろうか？

　そもそも私が何をめざしてこの会をやりたいと言ったのか。君たちはまったく理解していないように思うんだが……」

　四人はうなだれるしかありませんでした。

問題

1）このプロジェクトが、つまずいてしまった原因は何ですか？
2）あなたが町村なら、つまずきを避けるために、どのようなアクションを取りますか？

あなたなりの答えを考えてみましょう。

ケースを読んでみていかがでしたか？　社長の期待に応えようと、熱意あふれる若手四人がそれぞれの能力をフルに活かしてアニバーサリーイベント企画を立てたにも関わらず、社長から失望される結果となってしまいました。

なぜ、このチームはうまくいかなかったのでしょうか。

問題解説

1）このプロジェクトが、つまずいてしまった原因は何ですか？

3つのつまずきポイント

このケースがつまずいてしまった原因はいくつも見つかるかと思いますが、チームワーキングの視点からは、大きく3つほどポイントがあるように思います。

まず1つめのつまずきポイントは、今回のメンバーがチームとしての「具体的な目標」を設定・共有しないまま、チームでの活動を進めてしまったということです。

社長はアニバーサリーイベントについて「会社をここまで成長させてくれた人たちと共に10周年を祝い、次の10年の更なる躍進に向け、スタートを切る場にしたい」という願いを持っていました。この願いは「目標」と形容するにはあまりにも「曖昧」だったため、受け取る人によって大きく異なる目標達成イメージを抱かせました。「そもそもこの社長の示した目的が曖昧だから、こんなことになるのだ」と言い放ちた

くなる気持ちも分かります。ですが、このようなことはリアルな現場でもよくあることです。

「何か社員が元気になる研修をやってくれ」「来店数がアップするイベントを考えてくれ」などと、ゆるい指示が投げられることは少なくありません。

経営者や経営陣が持つビジョンとは、多くの場合「曖昧」なものです。それを「具体的な目標」に落とし込み、クリアにしていくのは、現場のひとびとの仕事なのです。

今回のケースでも、まずは現場のメンバーで話し合い、「具体的な目標」を設定することから始める必要があったのですが、それが十分行われていたとは言えませんでした。

2つめのつまずきポイントは、話し合いを始める段階で「**どのような記念式典にしたいか、まずは各部署の代表として意見を聞かせてください**」と、それぞれの立場を踏まえた問いかけをしてしまったことです。

「それぞれの立場を踏まえた」と言えば聞こえはいいですが、「それぞれの立場から、相互不可侵を暗黙のルールにしながら、言いたいことを言う会議」は、世の中にはたくさんあるものです。

この問いかけから始まったため、**西岡、糸井、佐藤、それぞれが自分の所属部署の職掌にとらわれた発言をするようになりました。**それぞれが自分の役割範囲でしかものが見られなくなってしまったことで、この活動全体を見渡す視点が失われました。**"チーム視点"** が失われてしまったのです。

経理部の西岡は「サプライズ感のある盛大な会に」、営業部の糸井は「お客様に感謝する会に」、開発部の佐藤は「ビジョンを一般社員に見せる会に」と、それぞれの「各人の目標」が生まれ、それらが「チームとしての目標」として統合されることのないまま、進むことになってし

まったのです。

　もちろん、さまざまな立場からの意見を求めることが悪いわけではありません。多様な視点を取り入れながら、議論を深めていくことは、全員がコミットできる目標設定を行い、活動を有意義なものとするために、とても大切なことです。ただ、互いの意見を尊重し合うあまり、チームの目標が個々の目標の寄せ集めになってしまっては、チームワークは機能しません。

　目標を決める際は、「お互いの意見や考えを分かり合う」対話モードから、全員が納得して「チーム全員が達成したいと思えるような目標」を「決める」議論モードに移行し、チームとしての目標を統合するプロセスが必要でした。

　３つめのつまずきポイントは、ホワイトボードの前に立ち、「まとめ役に徹しよう」と考えた町村が、「三人の意見をつなぎ合わせると、きっと素晴らしい企画に仕上がるだろう」という安易な発想でまとめようとしてしまったことです。

　いくら優秀なメンバーといえども、共通の目標を見据えていないメンバーたちの意見をただつなぎ合わせただけでは１つの企画になりません。実際、能力の高いメンバーが集まったチームが、必ずしもパフォーマンスが高いわけではないということが先行研究で明らかになっています。

　たとえば、チームメンバーの特徴とチームの成果に関する先行研究をメタ分析したベルの研究[24]によれば、チームメンバーの知的能力の高さより、チームワークを円滑に進められる性格特性や価値観を持っているメンバーがいるチームの方が、チームのパフォーマンスに強い影響を示していることが実証されています。

24　Bell, S. T. (2007). Deep-level composition variables as predictors of team performance: a meta-analysis. Journal of applied psychology, 92 (3), 595.

　チームメンバーの優秀さに甘えず、全体を見渡す視点を持っていた「まとめ役」の町村が、早い段階で「この会の目的を果たすために、大事なことは何だろう？」と、全員で同じ目標を握るための問いかけをするべきでした。

　しかし、「全員で何をめざすのか」といった議論を回避し、すぐに「何をするのか」という議論に入ってしまった結果、三人の目標がズレたまま、役割分担がされ、それぞれが別々の方向に向かって、準備を進めることになってしまったのです。

　失敗するチームでの仕事には、このような「意見の足し算と割り算」が頻繁にあらわれるものです。各人が「それぞれの意見」を持った状態で、それらが吟味されることがないまま、「意見の足し算と割り算」が行われるので、「チームでの目標」が失われることになります。

　こうして社長が言うところの、「企画が企画になっていない」という事態に陥りました。「企画が企画になっていない」というのは、恐らく「目的が何かが分からなくなってしまっている」ことと、「そもそも、三人の企画がバラバラな方向に向かっていて、現実的に 1 つの企画となっていない」ことの両方を意味していることと思います。

　このような事態を招いた最大の原因はどこにあったのでしょうか。それはさまざまな要因がありますが、致命傷になったのは「目標の握り方＝Goal Holding」にあったように思われます。そもそも全員で、「何をめざすのか」という目標設定をきちんとしないまま、「何をするか」の議論に入ってしまいました。しかも、目標を見直したり、再度握り直したりすることをせずに個々の活動を進めてしまいました。このアニバーサリーイベントで何をめざすのか、メンバーそれぞれが描く「ゴールイメージ」は少しずつ異なっています。ですが、一人ひとりがどんな「イメージ」を持っているのか、それを共有することをしていませんで

した。「きっと、同じゴールに向かっているはず」と思い込み、それぞれが少しずつズレた方向に進んでいってしまった結果、大きなズレを生んでしまったのです。

このように、「目標の握り方」はチームワークの成否に大きく関わる要素です。実際、チームについてのデータの分析結果からも、目標を握り続けることの重要性が示されています。

この先は、データ分析結果をもとにチームワーキングにおいて、なぜGoal Holding（目標を握り続けること）が重要なのか、目標を握り続けるためにはどうすればいいのかを深掘りしていきましょう。

事例解説

Goal Holding：目標を握り続ける

チームにはめざすべきゴール、目標が不可欠です。ここで、読者の中には「目標設定が重要なことぐらい分かっている」と思われる方もいらっしゃるかもしれません。たしかに、多くの職場で目標設定はすでに行われています。先ほどのケースは「チーム全体の目標が曖昧で、それぞれが異なった方向へ進んでしまった」ような事例ですが、仮に「全員で同じ目標を設定・共有できていた」としても、私たちはそれ以上に注意しなければならないことがあるのです。

目標設定以上に注意すべきこと、それは、「最初にしっかり目標設定したとしても、チームというものは、環境や状況の変化によって目標を見失っていくものです。だからこそ、目標を常に握り続けなければならない（≒目標を全員が保持できている状態をつくらなければならない）」ということです。

チームによる課題解決では、一度だけ目標を「設定」したくらいでは

決して十分ではないということです。チームは常に動いています。その中で、目標を見失ってしまうことは頻繁に起こりうることなのです。

　このことは、研究データも裏打ちしています。立教大学経営学部データアナリティクスラボでは、「成果の高いチーム（高成果チーム群）」と「成果の低いチーム（低成果チーム群）」との間で、「チーム目標」に関して、どのような違いがあるのかを分析しました。
　すると、以下のようなチームが、高い成果を残していることが分かりました。

成果の高いチームの特徴：目標設定

① 「全員がコミットする」目標を持ち続けている
② 状況に応じて、目標に立ち返る行動を継続している
③ （必要に応じて）目標の見直し、再設定をしている

　ものの本には、これらを十把一絡げにまとめて、「チーム活動は目標設定（Goal set）がすべてだ」と書いてあるものです。もちろん言うまでもなく、「目標設定」は重要です。しかし、それだけでは不十分です。①も②も③もすべて継続すること、すなわち「目標を握り続けること（Goal Holding）」ができて、初めて高い成果を生み出すことができるということです。
　単に目標を設定すればいい、というわけではなく、目標をいかにして持ち続けるか、握り続けるかが成否を分けるポイントだと言えます。以下で、それぞれ上記3点について順に見ていきましょう。

「全員がコミットする」目標を設定する

　チームワーク調査の結果、「成果の高いチーム」では、最初から最後まで「チーム全員が達成したいと思えるような目標を設定している」ということが分かりました。

　具体的には、図表3-1をご覧ください。図表3-1は、「チーム全員が達成したいと思えるような目標を設定している」という項目に対して、「あてはまる」に該当する選択肢を選んだチームメンバーの割合が、チームでの課題解決活動を行う初期段階から最終段階にかけてどのように変化したかを示したグラフです。

　高成果チーム群と低成果チーム群を比較すると、高成果チーム群では、「チーム全員が達成したいと思えるような目標を設定している」と回答した割合が87％から92.6％に約5ポイント上昇しているのに対して、低成果チーム群では、82.1％から56.7％まで約25ポイントも低下していることが分かっています。

　つまり、最初の目標設定で「全員がコミットする目標を設定すること」はもちろん重要ですが、成果を出すためには、「最後までチームの目標にコミットし続けている」ことがより重要なのです。

全員がコミットできる目標をつくるには

　「目標設定はチームワークの要」とは、よく言われることですが、実際は、多くの人が「目標設定」に課題を感じています。たとえば、パーソルキャリアが実施した目標設定に対する調査では、働く人の約8割が

【図表3-1】 成果の高いチームは、最後までチームの目標にコミットし続けている

質問：「チーム全員が達成したいと思えるような目標を設定している」

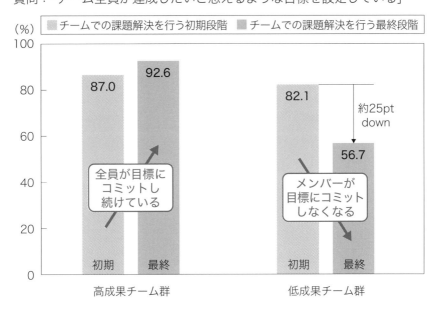

【分析の詳細】
・高成果チーム群とは、各集団でパフォーマンス評価第1位のチーム（計10チーム）、低成果チーム群とは、各集団でパフォーマンス評価第6位のチーム（計10チーム）を指します。このパフォーマンス評価は、最終的なアウトプットの質の観点から授業運営スタッフにより順位付けられました。
・棒グラフの割合は、「チーム全員が達成したいと思えるような目標を設定している」という質問項目に対して、「とてもあてはまる」「かなりあてはまる」「どちらかと言えばあてはまる」と回答したチームメンバーの割合を示しています。

「目標設定に課題を感じている」という結果が明らかになりました[25]（図表3-2）。

25　パーソルキャリア（2019）1,200名のビジネスパーソン対象「目標」に関する調査.

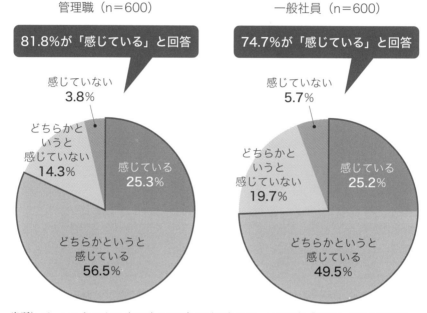

【図表3-2】Q. 会社で行う目標設定の方法に課題を感じていますか？

管理職（n＝600）

81.8%が「感じている」と回答

感じていない
3.8%

どちらかと
いうと
感じていない
14.3%

感じている
25.3%

どちらかというと
感じている
56.5%

一般社員（n＝600）

74.7%が「感じている」と回答

感じていない
5.7%

どちらかと
いうと
感じていない
19.7%

感じている
25.2%

どちらかというと
感じている
49.5%

出所）パーソルキャリア（2019）1,200名のビジネスパーソン対象「目標」に関する調査.
https://www.persol-career.co.jp/pressroom/news/research/2019/20191210_01/

　ここで、少し目標設定について考えてみたいと思います。目標設定で何よりも重要なことは、「"チーム全員"が達成したいと思えるような目標になっているかどうか」です。メンバーが課題の達成に意義や重要性を高く感じているチームほど、高いパフォーマンスが期待できます[26]。

　何を当たり前のことを、と考える方もいらっしゃるかもしれませんが、これほど「言うは易し、行うは難し」のこともありません。

　それでは、「チーム全員が達成したいと思えるような目標」はどのよ

26　Campion, M. A., Medsker, G. J., & Higgs, A. C. (1993). Relations between work group characteristics and effectiveness: Implications for designing effective work groups. Personnel psychology, 46 (4), 823-847.

うに設定すればいいのでしょうか。目標設定の方法にはさまざまなものがありますが、「SMART の法則」がよく知られています[27]。SMART の法則とは、望ましいとされる目標に共通する 5 つの要件を整理し、その頭文字を取った言葉です。

SMART の法則

・Specific：「具体的」で

・Measurable：「測定可能」で

・Achievable：「達成可能」で

・Related：「経営目標に関連」があり

・Time-related：「期限」のある目標

このように、チームとして目標を掲げるだけでなく、現実的で到達可能な目標、測定可能で具体的な目標、そしてメンバーにとって魅力的に感じられるような目標である必要がある、ということが、これまでの研究からも分かっています。

　数値目標の先にある目標＝「実現したい状態」がしっかりと共有されている場合には、この法則を採用しても問題ありません。しかし、そもそもの「実現したい状態」が曖昧なケースや、「実現したい状態」が数値で測定できないケースも多々あります。

　ケース 1 での「顧客を 100 名集める」といった目標や、他にも「顧客満足度を 3.5 から 4.5 に高める」といった単なる数値目標の達成をゴールにしてしまうと、社長が意図したようなイベントの目的とはズレてしまう可能性があります。また、こうした数値目標だけでは、「どうやって

27　Doran, G. T. (1981) There's a S.M.A.R.T. way to write management's goals and objectives. Management Review, 70 (11). 原文では、AはAssignable（メンバーに割り当てできる）、RはRealistic（現実的）となっています。

達成するのか」、達成までのプロセスが明らかにならず、「チームとしてどのような活動を行うのか」、活動イメージの共有ができません。さらに、達成したらどうなるのかの具体的なイメージが持てないことで、「コミットしたい」「達成したい」というモチベーションにつながりにくくなることも懸念されます。

　このような場合には、むしろ、「定性的な目標設定」を行うことが有効です。

　その典型的な方法は「見てみたい未来の光景を描くこと」です。つまり、「ビフォー・アフターで、誰がどんな風に変わって、どんな光景が見られたときに成功とするか」という「ゴールイメージ」とするシーンや光景を想い描き、それを目標として共有するのです。あるいは、関係者が、達成された状況を見て、どんな台詞を言ってくれればOKとするか、などという、ひとびとの具体的な行動や発言を「目標」としておく、といったことも考えられます。

　たとえば、ケース 1 では、「イベント後に、参加した多くの顧客から『御社の今後の成長にますます期待している。ぜひ今後も末長く取引を継続したい』とのコメントをいただく」といったことを目標に設定していたら、個々の「ゴールイメージ」がここまで異なるものになることはなかったのではないでしょうか。

　サイバーエージェントの CHO 常務執行役員である曽山哲人氏は、こうした目標を考える際の要素として、「IMPACT モデル」を提唱しています[28]。

IMPACT モデル

- Inspiring：ワクワクするか？
- Memorable：覚えられるか？
- Praiseworthy：感謝されるものか？
- Achievement：成果物が想像できるか？
- Contribution：貢献につながるものか？
- Timely：今の目標として適切か？

　こうした観点でしっかりと光景＝ビジョンを描き、定性的な目標設定を行うことのメリットは、「ゴールイメージ」が明確になることに加え、「全員が目標を達成したいと思えるようになる」ということです。

　まずは「チーム全員が達成したいと思えるような目標」を、意思決定者（ケース 1 で言えば社長）を含むメンバー全員でしっかりと共有し、その後で、ビフォーとアフターのギャップを埋めるために、どんな打ち手があるかを考え、そのために「1 週間以内に会場を手配する」「お得

28　曽山哲人氏ブログ（2019年7月30日付）https://ameblo.jp/dekitan/entry-12499294174.html

意様を100人招待する」といった具体的な行動目標なり数値目標なりを設定していけばいいのです。

全員が目標にコミットする鍵は「オープンな情報共有」

とは言え、どれほど「全員が達成したいと思うような目標」を設定できたとしても、前述のとおり、チームメンバー全員が最後までコミットし続けなければ、目標達成にはつながりません。

実際、「成果の低いチーム」では、最初に「全員が達成したいと思う

【図表3-3】オープンな情報共有が全員がコミットしたいグループ目標設定につながる

チームコミュニケーション　　　　　　Goal Holding 行動

オープンな情報共有
私たちは、常にチーム全員を宛先にして情報共有するようにしていた

.304***

全員が達成したい
グループ目標の設定

やる気なしメンバーの存在
私たちのチームには、特にモチベーションやコミットメントの低いメンバーがいた

−.410***

【分析の詳細】
・独立変数には「オープンな情報共有」などを投入し、「私たちは、チーム全員が達成したいと思えるような目標を設定している」（チーム解散時）を従属変数とした重回帰分析を行っています（調整済み R^2 = .360）。変数選択にはステップワイズ法を用いています。
・矢印の実線はプラス（正）の影響を示し、破線はマイナス（負）の影響を、また矢印の上にある数値は影響度（β）の強さを示しています。
・数値の隣の*は10％有意水準、**は5％有意水準、***は1％有意水準をあらわしています（有意水準は数値が小さいほど、示された関係が統計的に意味がある可能性が高いことを示す）。

ような目標」が掲げられたとしても、最後までその目標をコミットし続けることができていませんでした。一方、「成果の高いチーム」では、チームでの課題解決を行う初期段階から最終段階まで目標にコミットし続けることができています。

　どうすれば最初から最後まで「チーム全員が目標達成したい」とコミットし続けることができるのでしょうか。

　チームワーク調査の分析結果によると、「**グループ内でオープンな情報共有ができるかどうか**」が、「**全員がコミットする**」**グループ目標の設定につながっている**ことが分かりました（図表3-3）。チーム全員を宛先にして情報共有を行い、情報をオープンにする、といったチームコミュニケーションが、「達成したいグループ目標」を保ち続けることにつながっていたのです。

　これに対して、ケース1では、メンバーそれぞれがまとめ役である町村にだけ情報を伝えていたため、オープンな情報共有ができていませんでした。そのため、活動当初は合意していたはずのチームの目標は、徐々に失われていき、それぞれが別の目標に向かって進んでいってしまいました。もし最初から全員で情報共有を行い、お互いの描く「ゴールイメージ」の違いに気づくことができていたら、早い段階で目標と現状のズレに気づき、軌道修正を図ることができたかもしれません。

　また、この分析では同時に、「やる気のないメンバーがチーム内にいること」が、「達成したいグループ目標」の設定にマイナスの影響を与えていることも分かりました（図表3-3）。

　それならば、やる気がないメンバーを最初からチームに入れなければいい、とも思いますが、話はそう簡単ではありません。そもそも意欲的なメンバーだけを厳選して選抜し、チームをつくれるというのはよほど恵まれた状況です。実際のリアルな世界では、ひとびとの仕事に向かう

モチベーションは千差万別で凹凸のあるものです。チームメンバーの誰もが均等に高いモチベーションを持てている集団というのは、まず期待できないのです。実際には多くのチームが人手不足の状況にあり、今のメンバーでどうやりくりするか、を考えなくてはなりません。このことを示すのが図表3-4のグラフです。

　図表3-4は、「私たちのチームには、特にモチベーションやコミットメントの低いメンバーがいる」という質問項目に対して、「あてはまる」に該当する選択肢を選んだチームメンバーの割合の推移を時系列で示したグラフです。

【図表3-4】やる気のないメンバーの割合－やる気減退は成果の低いチームだけの問題ではない
質問：「私たちのチームには、特にモチベーションやコミットメントの低いメンバーがいる」

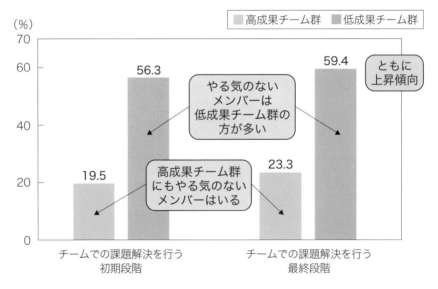

　この結果から読み取れることは 2 つあります。まず 1 つめは、高成果チーム群と比べて、低成果チーム群の方がやる気のないメンバーがいる割合が高いということです。そして、もう 1 つが、高成果チーム群であろうと、低成果チーム群であろうと、いずれにしても数ポイントずつですが、やる気のないメンバーが出る割合が上がっていくということです。すなわち、やる気のなさは環境によって後天的に生み出されるもの、すなわち、学習されるものだと考えられます。だとするならば、やる気のなさが、これ以上増加しないように、最大限の配慮をしながら、チーム活動を行わなくてはなりません。

　それでは、やる気の減退をどのように防げばいいでしょうか。
　データ分析の結果、やる気のないメンバーが生まれやすいチームの特徴は、「業務の属人化」にあることが分かりました（図表3-5）。
　業務の属人化とは、タスク遂行の範囲が自分の担当している業務で完結し、それ以外の業務のことを理解しようとしないチームの状況を指します。それぞれの業務が属人化（個業化）し、お互いに仕事で関わり合う機会がなくなることで、なぜこのチームで取り組んでいるのかという意義を感じられなくなり、結果的にやる気の減退につながっていることが示唆されます。
　さらには、やる気のないメンバーが生まれにくいチームをつくるために、データから見えてきたヒントは、図表3-5から分かるように「チーム視点の共有」です。チーム全体の状況を確認し合いながら、各自の業務に取り組んでいるチームでは、やる気のないメンバーが生まれにくいことが分かっています。チーム全体の状況をお互いに確認し合うことで、自分の業務がチーム全体にどう影響しているのかを感じやすくなり、やる気を維持できると考えられます。前章で論じたチーム視点のOSは、こんなところでチームの成果に役立ちます。

【図表3-5】チームの属人化はやる気のないメンバーを増やす
　　　　　　チーム視点はやる気のないメンバー増加を防止する

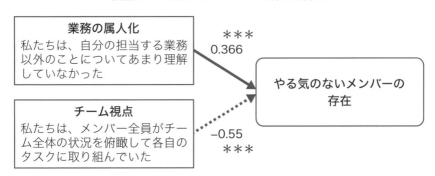

【分析の詳細】
注1：独立変数にはチームの視点、業務の属人化などを投入し、「私たちのチームには、特
　　　にモチベーションやコミットメントの低いメンバーがいた」（チーム解散時）を従属
　　　変数とした重回帰分析を行いました（調整済み R^2 =.641）。変数選択にはステップワ
　　　イズ法を用いています。
注2：矢印の実線はプラス（正）の影響、破線はマイナス（負）の影響、また矢印の上に
　　　ある数値は影響度（β）の強さを示しています。数値の隣の*は10％有意水準、**は
　　　5％有意水準、***は1％有意水準をあらわしています（有意水準は数値が小さいほど、
　　　示された関係には統計的に意味がある可能性が高いことを示す）。

Goal Holding ポイント ❷

状況に応じて、目標に立ち返る

　チーム活動の最初から最後まで目標を握り続けるためには、最初の目
標設定も重要ですが、活動を続けながら何度も目標に立ち返り、目標を
思い出すことも重要です。実際、チームワーク調査の分析結果からも、
「成果の高いチーム」は、活動に行き詰まったとき、常にグループ目標
に立ち返る機会を持っていることが明らかになりました。

　それを示したのが図表3-6です。図表3-6は、「私たちは、活動に行き
詰まった時、常にグループ目標に立ち返るようにしている」という質問

【図表3-6】成果の高いチームは常に目標に立ち返っている

質問：「私たちは、活動に行き詰まったとき、常にグループ目標に立ち返る
　　　ようにしている」

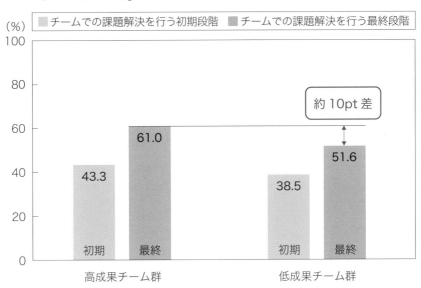

【分析の詳細】
・棒グラフの割合は、「私たちは、活動に行き詰まったとき、常にグループ目標に立ち返る
　ようにしている」という質問項目に対して「とてもあてはまる」「かなりあてはまる」「ど
　ちらかと言えばあてはまる」と回答したチームメンバーの割合を示しています。

　項目に対して「あてはまる」に該当する選択肢を選んだチームメンバー
の割合を示したグラフです。特にここで注目していただきたいのが、
チームでの課題解決活動を行う最終段階時点での両者の比較です。高成
果チーム群では61.0％であるのに対して、低成果チーム群は51.6％と
なっており、両者は約10ポイント程度の開きがあるという結果となり
ました。
　この結果から「成果の高いチーム」に比べて「成果の低いチーム」の
方が、活動が行き詰まっても目標に立ち返ろうとしない傾向が見てとれ
ます。

目標に立ち返ることの意味は、「めざしている方向がどこかを常に意識する」ということだけではありません。目標に立ち返るということは、自分たちが今どこにいるのかを確認することにもつながるのです。つまり、目標に立ち返らないままだと、チームが目標とは別の方向へ進んでいることに、誰一人として気づかないまま、活動を進めてしまうことになります。

　「成果の低いチーム」は、こうして目標に立ち返らないまま、"デスマーチ（死の行進）"を続けていってしまうのです。

　では、どうすれば、チーム全体の目標に立ち返ることができるのでしょうか。その鍵もまた、やはり「チーム視点」にあります。

　私たちの調査の分析結果によると、メンバー全員が「チーム視点」を持って、チーム全体の状況を俯瞰して見ながら、各自のタスクに取り組むことができているチームは、やる気のないメンバーを生み出しにくいだけでなく、チーム目標への立ち返りを頻繁に行っていることも分かりました（図表3-7）。

「目標に立ち返らずにデスマーチ」

【図表3-7】 チーム視点を持つことが、チーム目標への立ち返りを促す

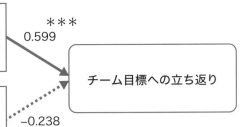

【分析の詳細】

注１：独立変数にはチーム視点やエースメンバーへの依存などを投入し、「私たちは、活動に行き詰まったとき、常にグループ目標に立ち返るようにしている」（チーム解散時）を従属変数とした重回帰分析を行いました（調整済みR^2＝.345）。変数選択にはステップワイズ法を用いました。

注２：矢印の実線はプラス（正）の影響を示し、破線はマイナス（負）の影響を示しています。また矢印の上にある数値は影響度（β）の強さを示しています。

注３：数値の隣の*は10％有意水準、**は5％有意水準、***は1％有意水準を表しています（有意水準は数値が小さいほど、示された関係には統計的に意味がある可能性が高いことを示す）。

　ここで、改めて「チーム視点を持つ」とはどういうことか、について考えてみたいと思います。チーム視点については第２章でも説明しましたが、チームの状態を常に俯瞰し、チームの全体像を常に捉える、ということです。そのためには、チーム全員が①チームの中の私は今、何をしているのか？　②チームの中のあなた（たち）は今、何をしているのか？　③私たちは今、何をめざして、何をしているのか？　といったことを、互いにコミュニケーションを取りながら、観察していき、把握する必要があります。

　こうした「チーム視点」を妨げるのが、「エースメンバーへの依存」

です。図表3-7にあるように、エースメンバーへの過剰な依存は、チームメンバーがそれぞれの仕事に心を奪われ、チーム目標を見返すことから遠ざかってしまう結果を生み出します。

このケースでは町村が「企画書は自分がまとめるから」と、まとめ役を買って出たことで、他のメンバーは「チームの全体像を捉え、目標を見返す」役割を町村へ委ねるようになりました。実際にはまとめ役である町村も「チーム視点で全体像を捉え、目標を見返す」ことはできず、全員の方向性はズレていく一方となりました。

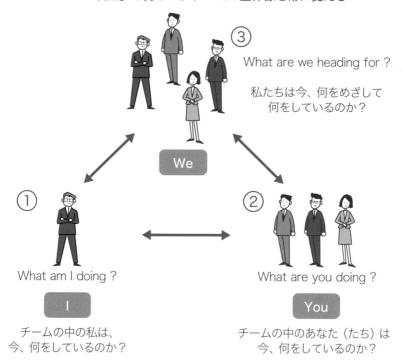

「チーム視点」を持って、チームの全体像を常に捉える

③ What are we heading for ?
私たちは今、何をめざして何をしているのか？

We

① What am I doing ?
I
チームの中の私は、今、何をしているのか？

② What are you doing ?
You
チームの中のあなた（たち）は今、何をしているのか？

Goal Holding ポイント ❸

（必要に応じて）目標の見直し・再設定をする

　さらに興味深いのは、「成果の高いチーム」は、必ずしも最初に設定した目標に従って忠実に行動し続けているわけではないということです。むしろ、「成果の高いチーム」ほど、設定した目標と現状のズレを感じたら、目標を再確認したり、目標そのものを再設定したりすることを習慣として行っているのです。

　社会も、組織も、市場も、職場も、日々、ダイナミックに動いており、当然ながらチームもダイナミックに動いていることは、繰り返し触れてきました。場合によっては、チームがめざすべき目標も、微修正や方向性の転換が必要になることもあるでしょう。

　チームワーク調査の分析結果を示した図表3-8をご覧ください。

　図表3-8は、「私たちは、当初設定したグループ目標と現状とのズレを感じたとき、再度目標を確認したり、問い直したりしている」という質問項目に対して「あてはまる」に該当する選択肢を選んだチームメンバーの割合を示したグラフです。

　高成果チーム群では、チームでの課題解決を行う初期段階から最終段階までほぼ変わらず、約半数のメンバーが目標の見直し・再設定を行っていると回答していました。目標の見直し・再設定は、「一度設定した目標を変える」ということですから、多くの職場やチームにとって決して簡単なことではないでしょう。そのことを踏まえると、成果の高いチームの「約半数」という割合は、高水準であると言えます。

　一方、低成果チーム群では、チームでの課題解決を行う初期段階に比べて最終段階には約８ポイント低下し、約３分の１のメンバーしか目標の見直し・再設定を行っていると回答していないことが分かりました。

【図表3-8】成果の高いチームは、目標の見直し・再設定をし続けている

質問：「私たちは、当初設定したグループ目標と現状とのズレを感じたとき、再度目標を確認したり、問い直したりしている」

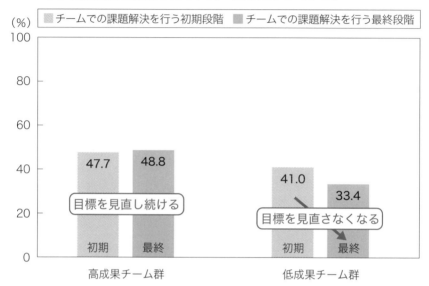

【分析の詳細】
・棒グラフの割合は、「私たちは、当初設定したグループ目標と現状とのズレを感じたとき、再度目標を確認したり、問い直したりしている」という質問項目に対して「とてもあてはまる」「かなりあてはまる」「どちらかと言えばあてはまる」と回答したチームメンバーの割合を示しています。

　このように、「成果の低いチーム」では、目標が現状とズレていても、そのまま放置してしまっていることが、チームの目標に対するやる気の低下を生み、結果的に最後まで全員がチームの目標にコミットし続けられないという事態（図表3-1）を招いてしまっている、とも考えられます。

　では、具体的にチーム内でのどのような関わりが、目標を確認し、再設定するチームの行動につながっているのでしょうか。分析の結果、ここでも「オープンな情報共有」が影響しているのに加え、「オープンな

【図表3-9】目標設定の要因

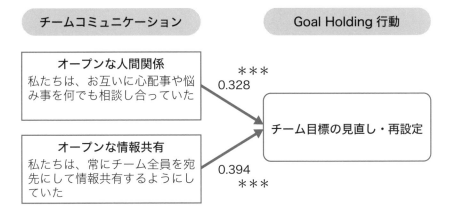

【分析の詳細】

注 1 ： 独立変数にはオープンな情報共有、オープンな人間関係などを投入し、「私たちは、
　　　 当初設定したグループ目標と現状とのズレを感じたとき、再度目標を確認したり、
　　　 問い直したりしている」（チーム解散時）を従属変数とした重回帰分析を行いました
　　　 （調整済み R^2 ＝ .376）。また変数選択にはステップワイズ法を用いました。

注 2 ： 矢印の実線はプラス（正）の影響を示し、破線はマイナス（負）の影響を示してい
　　　 ます。また矢印の上にある数値は影響度（β）の強さを示しています。

注 3 ： 数値の隣の*は10％有意水準、**は5％有意水準、***は1％有意水準を表しています
　　　 （有意水準は数値が小さいほど、示された関係には統計的に意味がある可能性が高い
　　　 ことを示す）。

人間関係」が強く影響していることも明らかになりました（図表3-9）。
ここでいうオープンな人間関係とは、「チームメンバー同士がお互いに
心配事や悩みなどを何でも相談し合っているかどうか」ということです。

　最初に設定した目標を途中で見直したり、再設定したりすることは、
言うほど簡単なことではありません。目標を見直すことで、今まで取り
組んできたことが振り出しに戻ってしまうこともあるため、「せっかく
ここまでやってきたのに、今さら何を言うの？」という反発を受けるこ
ともあるでしょう。目標の再設定によって不利益を被るメンバーがいる

場合はなおさらです。それだけ目標の見直しや再設定を口にするということは勇気のいることなのです。そのためには、メンバーの間に「心理的安全性（率直なことを口に出したとしても、対人関係にリスクが生じない関係性）」が必要です。

変化の激しい世の中にあっては、期初に設定した目標が変化した状況にそぐわないということも往々にしてあり得ます。その場合には、思い切って「目標を変更しよう」と言い出すことができるような関係性がチームにあるかどうかが問われます。そのためには、日頃からオープンな情報共有を行うだけでなく、お互いに心配事や悩み事を相談し合うことができるような人間関係、弱みを隠さずに済むような人間関係が必要です。

とは言え、単に仲良しグループになればいい、というわけではありません。仲が良すぎるために、「チームの方向性を見直すべきだ」などと今までの活動を否定するようなことを言い出しにくくなってしまうこともあるからです。仲の良さよりもチーム活動の中で、「心配なことはないか。困っていることはないか」とオープンに話し合う機会をつくっているかどうかが、こうした人間関係づくりの鍵となるように思います。

鍵は「目標に立ち返る機会を活動に埋め込む」こと

先のケースに戻りましょう。このケースでは、最初の目標設定で、イベントの成功イメージ、ゴールとなる光景を共有できていなかっただけでなく、最初に設定した目標を、活動中に見返すことも、再設定することもできていませんでした。そのため、チーム全体の目標は失われたまま、それぞれが自分なりの目標に向かって進んでいってしまいました。

なぜこのようなことになってしまったのでしょうか。自分の足元ばか

りを見て歩いていては視野が狭くなり、自分の向かっている目的地が見えなくなり、徐々に道から外れていってしまいます。同様に、メンバーそれぞれが自分の仕事を進めることばかりに夢中になってしまうと、チーム全体として何をめざしているのかが分からなくなる、ということが起きてしまいます。その状態が進行すればするほど、それぞれが属人化（個業化）してしまい、「この仕事は自分の守備範囲だから邪魔しないで欲しい」「あの仕事は相手の守備範囲だから邪魔しないでおこう」という心理が働き、情報共有を阻む結果につながるのです。

　では、このような事態に陥らないために、チームで何ができるのでしょうか。

　意識的にできることとしては「目標に立ち返る機会をチームの日常的な活動（ルーティン）に埋め込む」ということです。たとえば、ある企業のマネジャーは、チームで行う会議の冒頭に、必ず以下のようなことをやるのだそうです。

---

1. チームの目標を再確認する
2. チームの目標に違和感を感じたり、修正が必要だと感じたら、必ず口に出すことをルールとして確認する

　チームを率いるとは「オルゴール」のようなものだと彼女は言います。何度も何度も、繰り返し、繰り返し、オルゴールが同じ曲を奏でるように、チームの目標を確認していくことが重要だというのです。

　このようにチームミーティングの際には、最初に目標について確認する時間を持ち、「めざしているものは何か」を確認した上で、それぞれの進捗状況について共有してもらうようにする。チームで情報共有する際も「目標にどう関係しているのか」というところに常に立ち返って確認するようにする。などと、習慣的に「目標」に立ち返ることができて

いると、活動を進めるうちにあらわれた変化にも気づきつつ、細かく目標を再設定しながら進めることができるようになります。

　チーム活動を始める際に、予め「目標に立ち返る」ための仕掛けを活動に埋め込んでおくこと。これが「目標を常に握り続ける」ための、大きな鍵となるように思います。

【ここまでのまとめ】

Goal Holding：「目標を握り続ける」とは

①「全員がコミットする」目標を設定する

②状況に応じて、目標に立ち返る

③（必要に応じて）目標の見直し、再設定をする

「目標を握り続ける」ための行動原則

①オープンな情報共有　→　全員が達成したいチーム目標の設定

②チーム視点　　　　　→　チーム目標への立ち返り

③オープンな人間関係　→　チーム目標の見直し・再設定

ここまでのまとめを図にしたのが図表3-10です。

【図表3-10】チーム視点を持ち「オープンさ」を維持する

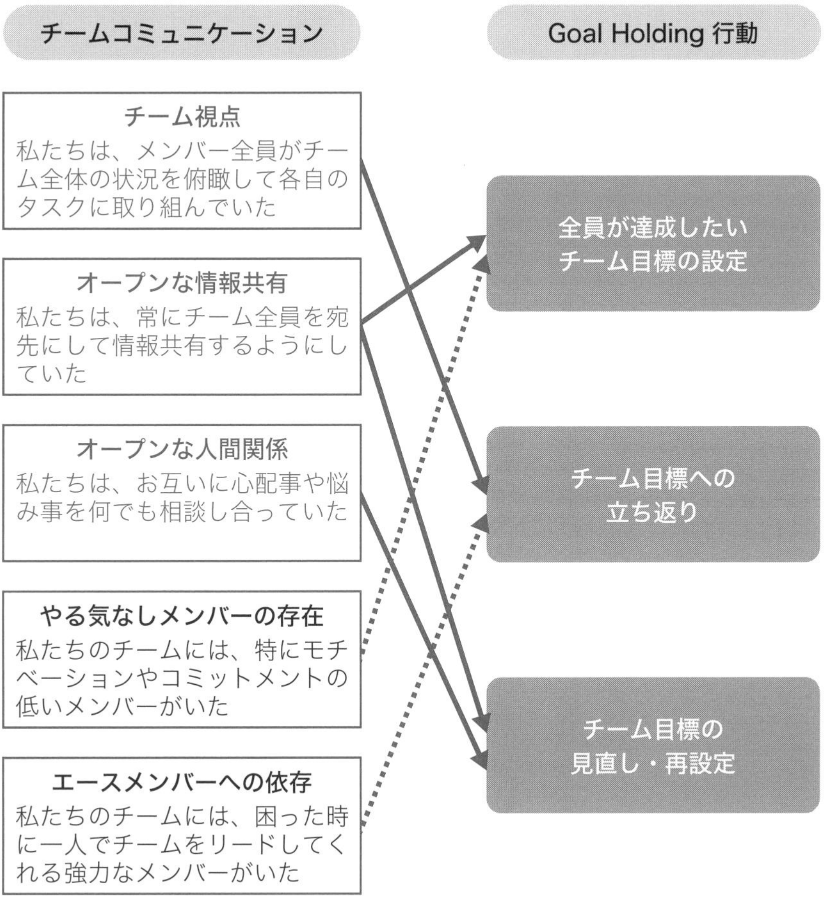

チームコミュニケーション

Goal Holding 行動

チーム視点
私たちは、メンバー全員がチーム全体の状況を俯瞰して各自のタスクに取り組んでいた

オープンな情報共有
私たちは、常にチーム全員を宛先にして情報共有するようにしていた

オープンな人間関係
私たちは、お互いに心配事や悩み事を何でも相談し合っていた

やる気なしメンバーの存在
私たちのチームには、特にモチベーションやコミットメントの低いメンバーがいた

エースメンバーへの依存
私たちのチームには、困った時に一人でチームをリードしてくれる強力なメンバーがいた

全員が達成したいチーム目標の設定

チーム目標への立ち返り

チーム目標の見直し・再設定

注）矢印の実線はプラス（正）の影響を示し、破線はマイナス（負）の影響を示しています。詳しくは、【図表3-2】【図表3-6】【図表3-8】を参照ください。

ケース1にはもう1つ、「もしあなたが町村だったとしたら、つまずきを避けるために、どのようなアクションを取りますか？」という問いもありました。あなた自身、町村の立場や状況になったと仮定したら、どのような対策が考えられますか。

以下に解説しますので、ぜひご自身で考えた上で、確認してみてください。

問題解説

2）あなたが町村なら、つまずきを避けるために、どのようなアクションを取りますか？

① 最初の会議で具体的な目標を設定する

社長が掲げる「会社をここまで成長させてくれた人たちと共に10周年を祝い、次の10年の更なる躍進に向け、スタートを切る場にしたい」という目的に対して、どうすればそれを達成できたと言えるのか、という具体的な目標を最初の打ち合わせで設定します。

たとえば、「会社をここまで成長させてくれた人たち」とは具体的にどういう人たちで、そのうち何割ぐらいが参加してくれれば、会として成功と言えるのか。また、参加者がイベントに参加してどう感じてもらえれば、会の目的が達成されたと言えるのか。このように、曖昧な目的をそのままにせず、具体的な目標に落とし込みます。ここで重要なことは、測定しやすい定量目標の設定にこだわりすぎず、メンバーがワクワクしてコミットできるような定性的な目標も視野に入れて，目標を設定することです。

② チームで設定した目標を意思決定者とすり合わせる

チームで設定した目標をまずプロジェクトの意思決定者（今回のケー

スでは社長）とすり合わせ、認識に齟齬がないことを確認した上で、具体的な企画の検討をスタートします。

③ 定期的にチームの目標を振り返る機会をつくる

忙しい状況であっても隔週に1回は全員で集まり、チームの目標に対する進捗状況を全員で確認する機会を設けます。そこでは、各自のタスクや業務上の情報を共有するだけでなく、悩み事やプライベートな情報も積極的に共有することで、相互理解を深められることが望ましいです。

④ チーム目標にズレを感じた段階で見直し、再設定する

目標を振り返り、進捗を確認する機会を設ければ、「人気ロックバンドを招く」と「100名の顧客に感謝の気持ちを伝える」と「社員に会社のビジョンを示す」をすべて成立させることが現実的ではないと気づける可能性が増えるはずです。ここでは、発案者が誰かではなく、プロジェクトの目的に従って、目標の見直しを提案し、再設定することが必要です。

コラム

リーダーもメンバーも「腹を括って」
目標達成に向かうチーム

SAP ジャパン株式会社では、一人ではなく、複数のリーダーがチームを支える「パルテノン型」の組織運営を行っています（取材時期：2019年5月）。複数のリーダーが協働し、高い成果を上げるためには何が必要なのでしょうか。

以下、元SAP ジャパン株式会社の南和気さんと中原との対談記事から、一部を紹介します。

■「タスクの足し算」を避けるには

中原：シェアド・リーダーシップで課題解決を行う場合、いつの間にか方向性がズレていく、ということが起こりがちです。目標や全体の方向性はどのように共有されていますか。

南：組織全体としての方向性、10年後、5年後、3年後の目標といったものは私からしっかり伝えるようにしています。そこへ向かうプロセスをシェアド・リーダーシップで決めていけばいい。

中原：リーダーシップが分散されていると、よく起こるのが「タスクの足し算」です。チーム内でタスクを分け、役割分担して「それぞれが専門分野のタスクさえやればいい」と、「成果」＝「タスクの足し算」だと考える人が出てきがちです。

南：それは、組織の目標がきちんとシェアされていないからではないでしょうか。組織として目標が期間内に達成されなければ、自分のタスクがどんなに完璧にできていても、何の価値もない、という共通認識がパルテノン（注：「＝パルテノン型組織」一人のリーダーが組織をけん引するのではなく、メンバーが各専門分野におけるリーダーとなり、全員がリーダーシップを持って組織を動かしていくようなスタイル。南氏提唱）の大前提です。そうなれば、うまくいっていないメンバーを助けようという意識になるはずです。

中原：とは言え、なかなか組織の目標が腹落ちしていないことも多

　　　いように思います。

南：そこは、組織の目標と個人の目標がきちんとつながっていない
　　からかもしれません。「誰かが目標達成してくれるだろう」「ど
　　こかの部門が稼いでくれるだろう」と、組織の目標達成が他人
　　事になってしまっているようでは戦っていけません。組織の目
　　標を達成していく中で、個人のキャリアビジョンが中長期的に
　　同じ方向に向くようにしていくのは管理職の責任だと思います。

中原：組織をつくるうえで、メンバーの多様性は意識されたので
　　　しょうか。

南：重視しましたね。それまではプロパーの社員が多く、新たな事
　　業の経験が不足していました。このままでは変化に対応できな
　　いだろうと感じていたので、買収先の企業のメンバーが加わっ
　　てくれたのは非常に良かったです。また、さまざまな経験や知
　　識を持ったメンバーをそろえるとともに、マイノリティーをつ
　　くって意見が言いにくくなるのを避けたかった。そこで男女比
　　を半々に、年代もばらけるようにし、新卒、中途も半々にしま
　　した。あらゆる属性を多様にしようと意識して、採用、配置を
　　行いました。

中原：多様性が増すほど、意識合わせのためのコストも増しますね。

南：はい。ダイバーシティは遠心力としてはいいですが、求心力が
　　ないと組織の目標を達成することができません。そのため、採

用時に組織のビジョン、価値観に共感できる人かどうかは非常に重視しました。組織のビジョンに心底共感していれば、組織の目標を達成するために力を尽くそう、という気になれます。

『Learning Design』2019年7〜8月号　Good Teamのつくり方「"一人ひとりがリーダー"のチーム」より

第 4 章

「何が解くべき課題」なのかを、
動きながら探し続ける

ケースとデータで学ぶ
Task Working

TEAM
WORKING

「意識が合わない次世代リーダー研修」

☰ 次世代リーダー研修

　井出ひよりは、社員400名ほどのシステム開発を専門にする Cabinetシステム株式会社（キャビネット社）で営業職として働く 30代の社員である。キャビネット社では、今年度より、人事部が 主導して、若年層のリーダーシップ開発をめざした「次世代リー ダー研修」がスタートし、井出も参加することとなった。「次世代 リーダー研修」とは、全社から集められた28人の次世代リーダー たちが、四人1組になって、自社の経営課題を3か月間かけて探究 し、役員に提案するというものである。

　研修1回目の冒頭、人事を管掌する役員の関田は次のように言った。 「会社の経営者になるためには、自社の課題をしっかりと分析し、 会社を立て直す戦略を立案することが求められる。会社の抱えてい る課題とは何かよく考え、社内横断チームで経営課題解決の提案を 行って欲しい。今回、リーダー研修で解決して欲しい問題は『人材 不足』だ。事業拡大に伴い、慢性的に人手が足りない状態が続いて いる。将来を担う若い皆さんによる柔軟な発想で、この問題を解決 する戦略を立案してくれることを期待している」

　この次世代リーダー研修は、「チームごとのコンペ形式」になっ ており、その評定は社長以下、経営層が行う。成績は順位付けされ、

最高のチームから最低のチームまで、すべてが社内のイントラで全社員向けに公開されるとあって、参加者の士気は高かった。

☰ 噛み合わない議論

　井出のチームは、同じ営業部の門口まこ、開発部の遠藤光世、人事部の久保田裕太の四名。初回打ち合わせでは、チームメンバーから、「人材不足」というテーマについてさまざまな意見が出た。

遠藤（開発部）

　「開発部も人材不足は深刻だよ。一番大きな課題は、事業拡大に必要な高い専門性を持った人材、特に AI 技術を持った人材が採用できていないことなんだ。他社は優秀な人材に高給を保証しているから、なかなかうちには来てくれないんだよね。このままではうちの会社は取り残されてしまうよ」

井出（営業部）

　「営業も慢性的に人手不足だけど、単に人数を増やせばいいというわけでもないと思うのよね。効率の悪い営業活動をしている人も多いから、まずは営業活動自体を見直したり、営業部員のスキルアップを図ったりする方が先なんじゃないかな。この間、大手損害保険会社が、AI を使った営業支援ツールで高い成果を出しているっていうニュースを聞いたし、AI を使った営業支援ツールの導入によって人材不足を補うっていう方法もあるかも」

久保田（人事部）

　「同感だね。今の時代、単に人を増やせばいいわけじゃないよ。

採用、育成、適正配置など『人事マネジメント』を賢くやっていかなくてはいけない。そこにAIは欠かせないよね。大手企業はどこも、AIを使った採用支援システムとか人事支援システムを普通に使っている。自社に必要なスキルを持った人を見分けたり、社員の適性を見ながら人材配置をしたりすることで、今よりも高い価値創出ができるようになるんだ。人の問題もAIで解決できる時代になっているというのに、うちの会社はそれができていないから無駄が多いし、辞める人も多い。そもそも優秀な人が採用できていないんだと思う」

門口（営業部）
　「私も人数が足りないというより、知識やスキルの足りない人が多い気がしていて。それは久保田さんが言うように、人事部が採用や教育などをうまくできていないことが各部署に悪影響を与えているのではないかしら。AIはよく分からないけれど、新しいシステムを導入して人事業務が効率化することで、結果的に人材不足の問題が解決するという方向性もありじゃないかしら」

　それぞれの意見を聞いて、遠藤が思いついたように言った。
　「なるほど、課題は少しずつ違うけど開発も営業も人事も『AIへの対応』が人材不足の解決の鍵になりそうだ、という方向性は同じだよね。じゃあ、うちのチームのテーマは『AIによる人材不足の解消』ということにしてみない？」

井出
　「テーマには賛成。だけど、一口にAIといっても、みんな少しずつ切り口が違っている気がするんだけど……？」

門口

「そこは、1つにまとめた方がいいわよね。私は久保田さんの意見に一番説得力があるように感じたわ。人材不足は人事部にとってのメイントピックだし、そこは一番詳しい人事部にお任せするのがいい気がする」

久保田

「僕はこの分野について、かなり以前から情報収集しているので、その点は任せて欲しいな。僕がまずは1週間位でたたき台をつくるから、そこにみんなの意見を入れてブラッシュアップしていくのはどうかな？」

　四人は久保田の提案に合意し、次回の打ち合わせまでに久保田の企画案を読んでおき、社内チャットツールなどで、各自が疑問点や意見などを出していく、ということになった。

≡ それぞれの思惑

　人事部の久保田は元エンジニアである。2年ほど前にシステム部門から人事部へと異動となった。膨大なエントリーシートを読んだり、面接の日程調整をしたりする中で、人事の仕事が驚くほどアナログ作業の連続であることを知り、以前から、業務のデジタル化を図りたいと感じていた。エンジニアという専門性を活かして、人事部のシステム化を手掛け、一目置かれたい、という思惑もあった。久保田は、AIを活用した人事マネジメントシステムを扱うベンダー数社から資料を取り寄せ、1週間で企画案をつくって共有ファイルに入れた。

開発部の遠藤は、キャビネット社のAI技術への対応が遅いことに不満を感じていた。AI技術を活用し、急成長するベンチャー企業に就職して活躍する同級生と比較し、自分はエンジニアとして成長できていないのではないか、という焦りもあった。そうした中で、元エンジニアである人事部の久保田の「AI技術を人材不足の解消に絡められる」との主張は、何らかの形でAIに関わりたいと感じていた遠藤には魅力的に聞こえたのである。遠藤は、同じエンジニア同士であり、システムにも人事にも詳しい久保田の提案ならば、きっとうまくいくのではないか、と感じていた。

　営業部の門口は、内心、「次世代リーダー研修」に選ばれたことをあまり喜ばしいこととは思っていなかった。門口はトップセールス賞を受賞したこともあるほど優秀な営業職であり、その実績が評価されてこの研修に推薦されたのであったが、本人は営業の仕事に直接関係のないこの研修に参加することに意味を感じていなかったのである。「研修は、やる気のある人のサポート役に徹することでなんとか乗り切りたい」というのが門口の本音であった。

　営業部の井出は、今1つ、久保田の話が飲み込めずにいた。そもそも、AIがよく分からなかったし、AIを使った人事マネジメントシステムが人手不足にどう役立つのかも理解できずにいた。そこで、自分なりにAIを使った人事マネジメントシステムについて調べてみよう、と思っていたのだが、日々の業務に忙殺され、なかなかその時間が取れずにいた。

☰ 役割分担

　プロジェクト開始から3週間が経った。久保田の企画案には、すぐに「いいね」ボタンがついたものの、その後、三人からの反応はないままであった。

　そろそろ中間プレゼンの準備を進める必要があり、四人は集まって企画案についての話し合いをすることになった。

久保田
「みんな、僕の企画案についてどう思った？　『いいね』はつけてくれたよね。でも、特に意見はなかったみたいだけど、このまま進んでいいかな？」

　三人は黙ってうなずいた。実のところ、三人ともこの話し合いの前日まで、企画案にきちんと目を通していなかったのだ。自分以外のメンバーが特に意見を出していなかったので、「みんなやってないみたいだから、まあ、その場で意見すればいいか」と、放置していたのである。

遠藤
「大枠はいいと思ったよ。あとは細かいところに具体的な情報を入れていけばいいんじゃないかな」

　門口
「私もいいなと思った。久保田さんばかりに負荷がかかってしまうのはよくないから、私たちにできるところは振ってもらえたら、そこはやるから」

井出

　「私も問題ないわ。私はAIを活用した人事マネジメントシステムの他社事例について調べてみようと思っているので、その部分は私に任せて」

久保田は議論をまとめて次のように話した。

　「じゃあ、時間もないことだし、大枠はこのままで、細かいところは役割分担して、中間プレゼン資料をまとめよう。遠藤さんは社内の人材不足に関するデータを集めて。門口さんにはグラフや図表をきれいに入れ込むところをやってほしいな。井出さんは人事マネジメントシステムを導入した他社事例で参考になりそうなものを集めて。僕は全体的にもう少し説得力が増すよう、ブラッシュアップするよ」

　それぞれの役割の部分がはっきりしたこともあり、四人は急ピッチで準備を進めていった。

　遠藤は社内の人材不足に関するデータを集めていったが、調べれば調べるほど、一番の課題は、人事マネジメントシステムよりも今後さらに市場の拡大が検討されている開発部門のエンジニアの採用と育成にあるのではないか、と感じるようになった。そのことを久保田に話すべきかどうかを門口に相談すると、門口は「今から方向転換しても中途半端になっちゃうし、今さらそんなこと言ってももう遅いよ」と反対されたため、久保田の企画趣旨を裏付けるようなデータだけを集めることにした。

　井出は自分なりに人事マネジメントシステムの他社事例について

調べてみたが、やはり人事マネジメントシステム導入が人材不足の解消に直接的につながった事例は見つけられなかった。ただ、久保田がこの企画案のために徹夜をするなど相当気合いを入れてやっている様子だったので、「今さら意見したら、気を悪くするかもしれないし、久保田さんがうまく説明してくれるかな……。まあ、いいか」と、自分の役割を全うすることにした。

　2週間後、中間プレゼン発表会で久保田は「人事業務の効率化を図り、優秀な人材の採用、育成、配置をスムーズに行うこのAIシステムを導入することで、人と組織にまつわる問題が解決できます」と熱弁を振るった。

　プレゼンが終わると、人事担当役員の関田から厳しい質問が飛んできた。

　「なるほど。人事業務が劇的に効率化できそうな素晴らしいシステムの提案をありがとう。だが、それが我が社の人材不足の解決にどのように結びつくのだろう？　そもそも、我が社の人事データはバラバラで紐づいていないし、アナログで保管しているものも多い。これを実現するには莫大な費用がかかるが、このシステムを入れて、どのようなメリットが見込まれるのだろうか。そもそも、君たちが解決したいと思った課題は何だったんだ？　人事システムの導入がしたかったのか？」

1）このチームのつまずきの原因は何でしょうか？　思いつくもの
から挙げてみましょう。
2）このプロジェクトの時間を元に戻すのならば、あなたは、最初
に何から始めますか？

あなたなりの答えを、考えてみましょう。

— **ケース 2　解説** —

　ケースを読んでみていかがでしたか。自社の課題解決を行う「次世代リーダー研修」に参加した四人の若手社員。中間発表で、テーマとして与えられた「人材不足」という問題に対し、「AI を活用した人事マネジメントシステムの導入」という解決策を提案したものの、担当役員から「人材不足の解消にどう結びつくのか分からない」と厳しく指摘されてしまいました。なぜ、このチームはうまくいかなかったのでしょうか。

問題解説

1）このチームのつまずきの原因は何でしょうか？

３つのつまずきポイント

　ここまでに述べてきたとおり、タスク・ワーキングとは、何が解決策になるのか調べながら、「解くべき課題」を見つけようとするダイナミックな課題解決法です。

　タスク・ワーキングの視点で見ると、このチームには３点ほどつまずきポイントがあったように思います。

　１つめのつまずきは、「人材不足」という問題に対して、「何が課題なのか」を検討し、解くべき課題をきちんと絞りこむことをしないまま、「AI への対応」という具体的な「解決策」の検討に入ってしまったところです。

　一口に「人材不足」といっても、組織の中では営業人員の不足、エン

ジニア人材の不足、マネジメント層の不足、などさまざまなことが想定されます。しかし、このチームでは「キャビネット社における人材不足」とは、一体「どのような人材」が「どの程度足りないこと」を指すのか、という「問題」の深掘りを行っていませんでした。

　さらに、キャビネット社の人材不足がどのような要因によって生じているのか、その根本的な理由について具体的な議論がされていませんでした。人材不足という問題を構成する課題は1つではなく、採用の課題（ex.求人条件が魅力的ではない）、職場マネジメントの課題（ex.定着せず離職が多い）、人事マネジメントの課題（ex.給与が低い）など、さまざまなものが考えられます。

　チーム内でも、AI技術に精通した優秀な人材の採用ができていないこと、営業職のスキル不足、非効率な営業活動、人事マネジメントができていないなど、各職場が抱える課題はいくつか挙がりましたが、具体的な課題の洗い出しまでは行われていませんでした。

　四人は、問題についてゆるい合意しか交わしていないうえに、解くべき課題を絞り込むこともしないまま、「AIによる人材不足の解消」という抽象的なテーマ設定で活動に入ってしまっています。しかも、活動のコンセプトづくりを「一番詳しい人事部にお任せ」するといって、このプロジェクトに積極的な様子を見せていた人事部の久保田に丸投げしてしまいました。その結果、「AIを用いた人事マネジメントシステムの導入」という、「人材不足の解消」とは大きく離れた課題解決プランを進めていくことになってしまいました。

　しかし、リアルな課題解決のさらなる難しさは、この先にあります。私たちはどんなに詳細に課題を検討し、どんなに綿密に解決策を詰めたとしても、その「実現可能性」を高めていく段階で、必ずといっていいほどつまずくものだからです。

　どんなにエレガントな課題解決であっても、現場の現状や、現場のひ

とびとのニーズに合っていなければ、課題解決としては意味を持ち得ません。そのため、活動を行いながら「この課題は本当に解くべき課題なのか」「この解決策は本当に実現可能性があるのか」と、常に検証していく必要があるのです。

　２つめのつまずきは、課題そのものが解くべき課題であったのかを検証するプロセスが、このチームにはなかったことです。

　このチームでは、久保田がまとめた企画に対して、解くべき課題は本当にこれでいいのか、他により本質的な課題はないか、と課題を批判的に検証していません。中間プレゼン直前になり、遠藤と井出は課題設定に疑問を感じるようになりますが、結局そのことを言い出すことができず、課題設定やその方向性を見直す機会が一度もないまま、中間プレゼンの日を迎えることとなってしまいました。

　３つめのつまずきは、「人事マネジメント改革」に強い思いを抱いていた久保田が、チーム内で、課題の共有が進まないうちに強引に議論を引き取ってしまったことです。久保田は、自分の思い通りに企画を進めたいという思惑があったこともあり、企画書のたたき台づくりを全面的に行います。しかし、これによって、他のチームメンバーは、久保田に寄りかかるようになり、主体的に課題解決に関わろうという姿勢を見せなくなりました。

　久保田の能動的なアクションが、皮肉にも他のメンバーの受け身な態度を引き出してしまったのです。

Task Working：動きながら課題を探し続ける

「解くべき課題」の見極めが成果を生む

　四人に必要だったのは、それぞれが課題と感じていることを単に話し合うだけでなく、チームとして「解くべき課題」は何なのかを見定めるための議論でした。

　チームにとって「解くべき課題」を見極めることは、なぜ重要なのでしょうか。できるだけ早く成果を出したいと考えるチームにとって、解くべき課題を考えるプロセスは面倒に感じたり、時間の無駄に思えてしまったりすることもあるでしょう。こうした「そもそも論」より、解決策の具体的なアイデアを考えることを優先してしまう気持ちもよく分かります。

　しかし、いくら革新的で話題性のありそうな解決策を提案したとしても、それが本質的に重要な課題（解くべき課題）を解決するものになっていなければ所詮は絵に描いた餅です。解くべき課題を考えずに解決策を考えるということは、ゴールのないところに何度もシュートしているようなものです。つまり、チームで何らかの課題解決型プロジェクトに取り組む際、最初に考えるべきは「解くべき課題」とは何か、なのです。

　このことは、私たちの行ったチームワーク調査からも実証されています。成果の高いチームほど「解くべき課題」を全員が納得するまで十分に議論して決定していた、ということが分かっています（図表4-1）。また、ほとんど議論せずに課題を決定していたチームほど成果が上がっていないことが明らかになりました（図表4-1）。最初の段階で、「解くべき課題」を検討することが、いかにチームの成果を左右する重要なチーム活動であるかがお分かりいただけるでしょう。

【図表4-1】解くべき課題を十分に議論することが重要

	アウトプットの質	関係性の質
全員が納得するまで十分に議論して決定した	.367**	.513**
ほとんど議論せずに決定し、その後も特に修正することはなかった	−.266*	−0.126
一度チームで決めた課題の方向性を見直すことは面倒だと感じ、やり過ごしている	−.302*	−0.194

（表中：正の関連あり）

** 相関係数は 1% 水準で有意（両側）です。
* 相関係数は 5% 水準で有意（両側）です。

【分析の詳細】
注：数値の隣の*は、相関係数の有意水準の程度を表しています。*は5% 有意水準、**は1% 有意水準を表します（有意水準は数値が小さいほど、示された関係が統計的に意味がある可能性が高いことを示す）

　それでは、「解くべき課題」とはどのように設定するべきものなのでしょうか。解くべき課題を設定するプロセスには、以下の3ステップがあります。

「解くべき課題」を設定する3ステップ

1．まず「問題」が何かを正しく定義し（問題の再定義）、
2．次にその問題を構成している「課題」を洗い出し（課題の洗い出し）、
3．いくつかある課題の中で、解く必要のある課題を特定する（解くべき課題の設定）

　ケース2「意識が合わない次世代リーダー研修」でのテーマとなっている「人材不足」を例にとって考えてみましょう。
　ケース2では「人材不足」という問題に対して、その問題が一体どのようなものか（問題の再定義）、どんな課題があるのか（課題の洗い出

し・解くべき課題の設定）、について十分に検討を深めることなく、「AIを使った人事マネジメントシステムの導入」を解決策として選び、具体的な検討に入ってしまいました。

　ここではまず、「キャビネット社の人材不足」という問題を再定義する必要があるでしょう。

　「問題を再定義」するとは、たとえば、「今、どの部署で、どんな人が、何人足りないのか」「将来的にどの部署で、どんな人が、何人足りなくなりそうか」など、問題をより具体的な言葉に置き換えることを意味します。

　問題を再定義するためにまず必要なことは、①実現したい理想的状態（会社の方針や事業の方向性など）を共有することです。

　問題とは、現状と実現したい理想的状態、到達したい未来とのギャップのことを指します（次頁イラスト参照）。理想の姿が十分に描けていない状況で、いくら現状分析を行ったとしても、それはただの「事象」に過ぎません。今回のケースでは、現在の社内の状況をどうするべきか、という足元の現場に関する議論ばかりがされていて、これからキャビネット社がどのようにして事業を拡大していきたいのか、実現したい理想的状態、到達したい未来については共有されていませんでした。

　実現したい理想的状態、到達したい未来の姿を共有した上で、次に行うことは、②根拠となる事実・データなどをもとに現状を分析することです。

　現状と実現したい理想的状態、到達したい未来の姿とのギャップを知るためには、問題に関わる具体的なデータを集めて、現状を「見える化」すること、正確に現状分析することが必要です。「キャビネット社における人材不足」とは一体「どのような人材」が「どの程度足りないこと」を指すのか、問題を再定義するためには、各々が自分の職場で感

じる課題を口にするだけでなく、関係者へのヒアリングや具体的なデータ収集などにより、客観的なデータをもとに現状を分析する必要がありました。

　問題を再定義することができたら、次に行うことは③問題を構成している「課題」を洗い出し、すべての課題を並べた上で、「解くべき課題」を見出すことです。

　解くべき課題とは、解決可能ないくつかの課題の中で、特に優先順位が高い（それを解くことで、問題の解消により大きなインパクトがあると考えられる課題）と考えられるもののことを指します。四人は今、キャビネット社で起きている「人材不足」の、何が「解くべき課題」となっているのかを突き詰めて考えていくべきだったのですが、そうした視点が欠けたまま議論を中断してしまいました。また、「AIを活用した人事マネジメントシステム」の必要性を訴えた久保田にも、今後、会社がどのような事業戦略を取っていくのか、そのためにはどのような人事戦略が必要になるのか、といった視点が欠けていたことから、「解くべき課題」の見極めができないまま活動を始めてしまいました。

　これを図にすると、以下のようになります。

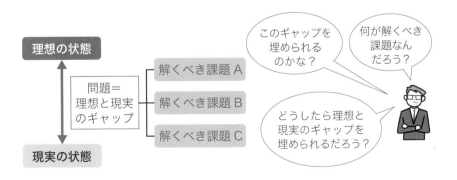

課題解決を効率よく進めていくためには、このように、現状と理想の
ギャップにある問題を具体的な言葉に置き換え、その問題を解決するべ
き、より細かな課題を洗い出し、その中で、もっとも問題の改善に資す
る課題に手をつけ、解決策を実行することが重要なのです。

綿密な行動計画さえあれば成功するわけではない!?

　では、以上のプロセスで「解くべき課題」を、設定しさえすれば、
チームでの課題解決は安泰なのでしょうか。解くべき課題を、いったん
合意し、役割分担や行動計画を明確にして活動していけば、すべてうま
くいくのでしょうか。どうやら必ずしもそういうわけではなさそうだと
いうことが、私たちが行ったチームワーク調査の分析結果から見てとれ
ます。

　図表4-2をご覧ください。図表4-2は、「私たちは、クライアント課題
の本質が何であるか議論し、必要な情報や役割を明確にして、グループ
ワークの計画を立てている」という質問項目に対して「あてはまる」に
該当する選択肢を選んだチームメンバーの割合を示したグラフです。

　成果が高いチームほどではありませんが、成果が低いチームにおいて
も、チームでの課題解決を行う最終段階では6割以上のチームメンバー
が、「解くべき課題」をしっかりと設定した上で、役割分担や行動計画
を明確にして活動していると回答しています。また、その割合は、チー
ムでの課題解決活動を行う初期段階から比べると約12ポイントも上昇
しています。つまり、成果の低いチームも、「解くべき課題」をしっか
りと設定した上で、役割分担や行動計画を明確にして活動するというこ
とは一定程度行っていることであり、それだけがチームの成果を左右す
るとは言えないということです。

【図表4-2】綿密な行動計画はチームの成果を左右しない!?

質問：「私たちは、クライアント課題の本質が何であるか議論し、必要な
　　　情報や役割を明確にして、グループワークの計画を立てている」

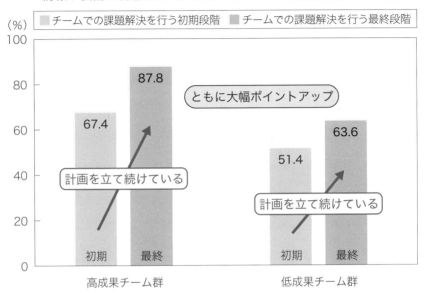

【分析の詳細】
・棒グラフの割合は、「私たちは、クライアント課題の本質が何であるか議論し、必要な情報や役割を明確にして、グループワークの計画を立てている」という質問項目に対して「とてもあてはまる」「かなりあてはまる」「どちらかと言えばあてはまる」と回答したチームメンバーの割合を示しています。

　それでは、チームの成果を左右するチーム行動とは一体どのようなものなのでしょうか？

結論から言うと、大きく違っていたのは、以下の2つでした。

①全員アクション
　チームの全員が課題解決のために分担した役割を遂行（アクション）し続けている

②チームリフレクション
　割り振られたタスクや実践した内容が課題達成のために適切であったか、チーム視点で振り返り続けている

Task Working ポイント ❶

全員アクション：チームの全員が課題解決のために分担した役割を遂行（アクション）し続けている

　私たちの調査によると、高い成果を上げたチームでは、チーム全員がチーム視点で最後まで分担した役割をきちんとやり切っている、ということが分かりました。チームで活動していると、最初に役割分担をしたものの、自分の役割を果たさない人が出てきたり、一応、行動してはいるものの不十分であったりすることがよくあります。このような場合に起こりがちなのが、「リーダーやリーダー的存在の人が全部仕事を、自分で巻き取ってしまう」という現象です。

　今回のケースでも、リーダー的な存在である久保田が、「僕はこの分野について、かなり以前から情報収集しているので、その点は任せて欲しいな。僕がまずは1週間位でたたき台をつくるから、そこにみんなの意見を入れてブラッシュアップしていくのはどうかな？」と言って議論を引き取り、「企画案のたたき台づくり」という仕事を巻き取っていま

す。久保田は他の三人のメンバーに「企画案に意見して欲しい」と役割
を与えていますが、中間プレゼン発表直前までその役割を果たしたメン
バーはおらず、全員アクションができていなかったのです。

　チームワーク調査の分析結果からも、全員アクションの重要性が明ら
かになっています。図表4-3は「私たちは、チーム全員が課題解決のた
めに分担した役割を遂行している」という項目に対して、「あてはまる」
に該当する選択肢を選んだチームメンバーの割合を示したグラフです。

　高成果チーム群では、全員アクションしていると回答する割合が、

【図表4-3】成果の高いチームは全員アクションをし続けている

質問：「私たちは、チーム全員が課題解決のために分担した役割を遂行し
　　　ている」

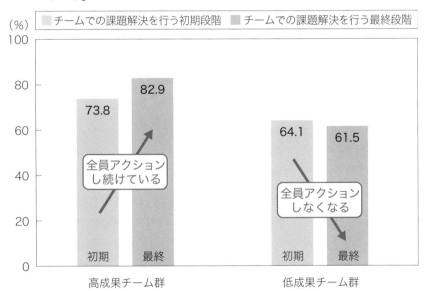

【分析の詳細】
・棒グラフの割合は、「私たちは、チーム全員が課題解決のために分担した役割を遂行して
　いる」という質問項目に対して「とてもあてはまる」「かなりあてはまる」「どちらかと
　言えばあてはまる」と回答したチームメンバーの割合を示しています。

チームでの課題解決を行う初期段階の73.8％から最終段階では82.9％へ、約9ポイント上昇しています。

一方、低成果チーム群では、その割合は64.1％から61.5％へ2.6ポイント減少しており、チームでの課題解決を行う最終段階では、高成果チーム群と比べて20ポイント以上も開きがある結果となりました。

このことからも、チーム全員がチーム視点で最後まで分担した役割をきちんとやり切っているかどうかが、チームの成果を分ける重要な要因であると考えられます。

Task Working ポイント ❷

チームリフレクション：割り振られたタスクや実践した内容が課題解決のために適切であったか、チーム視点で振り返り続けている

高い成果を上げたチームでは、全員が与えられた役割をしっかりと果たしているだけではなく、それぞれの取り組みがチームの課題解決につながっているのか、チームでお互いに確認し合っている、ということも分かっています。たとえば、「このやり方はうまく機能しないので別のやり方を試した方がいい」「よく調べてみたら、課題は別のところにありそうだ」などと、全員が自分の役割を果たす中で見えてきたことをチーム全体に還元していたのです。

ケースでも、遠藤、井出は中間プレゼン発表直前になって、課題設定そのものに疑問を感じるようになっていましたが、そのことをチーム全体に確認できてはいませんでした。

チームリフレクションがいかに重要であるかは、私たちの行ったチームワーク調査の分析結果からも明らかです。図表4-4をご覧ください。図表4-4は「私たちは、割り振られたタスクや実践した内容が課題達成

【図表4-4】成果の高いチームはチームリフレクションをし続けている

質問：「私たちは、割り振られたタスクや実践した内容が課題達成のために適切であったか、グループ内で相互に振り返り続けている」

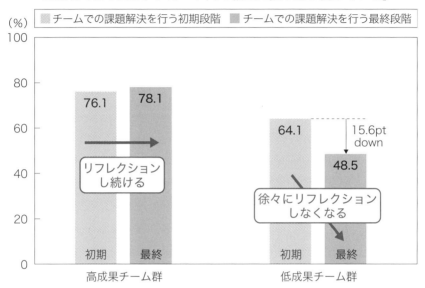

【分析の詳細】
・棒グラフの割合は、「私たちは、割り振られたタスクや実践した内容が課題達成のために適切であったか、グループ内で相互に振り返り続けている」という質問項目に対して「とてもあてはまる」「かなりあてはまる」「どちらかと言えばあてはまる」と回答したチームメンバーの割合を示しています。

のために適切であったか、グループ内で相互に振り返り続けている」という項目に対して、「あてはまる」に該当する選択肢を回答したチームメンバーの割合を示したグラフです。図表4-3で示された全員アクションの結果と同様、高成果チーム群ではチームリフレクションが高い水準で行われ続けているのに対して、低成果チーム群ではチームでの課題解決を行う初期段階では64.1％だったのが、最終段階には48.5％まで低下していることが分かりました。この結果からは、成果の低いチームは、チームリフレクションを「徐々に行わなくなる」という傾向が示唆されます。

ここまでの内容をまとめると、以下のようになります。

	成果の出るチーム	成果の出ないチーム
計画 ▼	計画の質 good ← 差がない → 計画の質 good	
アクション ▼	全員アクションし続けている	全員アクションしていない（または、徐々にしなくなる）
振り返り	チームリフレクションし続けている	チームリフレクションしていない（または、徐々にしなくなる）

解くべき課題を更新し続けているか？

では、最初に「解くべき課題」をしっかりと設定し、役割分担や行動計画を明確にして活動していったとしても、①全員アクション：チームの全員が課題解決のために分担した役割を遂行（アクション）し続け、②チームリフレクション：割り振られたタスクや実践した内容が課題達成のために適切であったか、チーム視点で振り返り続けていないと、なぜ高い成果を上げられないのでしょうか。

それは、実際のビジネスの現場で「解くべき課題」が初めからはっきりと分かっていることなどほとんどなく、実際にはチームでアクションしていく中で、少しずつその精度を高めていくしかないからです。

解くべき課題が本当に解くべき課題なのかどうかは、いったん、仮にそれを設定した上で、解いてみなければ分からないのです。

チーム活動の最初に、全員が納得するまで十分に議論して「解くべき課題」を設定することが高い成果につながる、ということは先述した通

りです。ですが、それは必ずしも「最初に設定した課題に従ってブレず
にやり切ることが重要」というわけではありません。

　成果の高いチームほど、「一度決めた課題の方向性が妥当かどうか検
証していた」「当初決めた課題の方向性について定期的に確認し合って
いた」など、最初に設定した「解くべき課題」を活動しながら検証し、
更新し続けていたということが分かりました。

　実務の世界には、ムービングターゲット（Moving Target）という言
葉があります。

　ムービングターゲットとは、ビジネスにおける課題解決において「解
くべき課題」は、ビジネスが置かれている状況の変化に応じて、常に変
わり続け（Moving）ており、そのときどきに「自らが解くべき課題を
解いているか」とリフレクションし、常に「解くべき課題」を再設定し
なければならないことを示している言葉です。これを図に示すと、以下
のようになります。

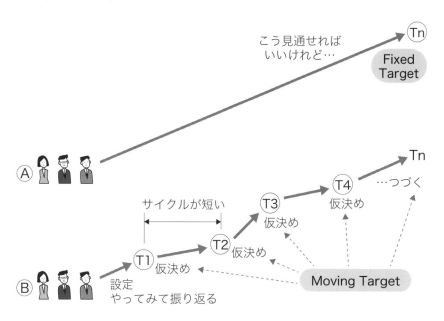

この図の④では、ターゲットが1つに決められており、しかも、それは固定化しています。これは「先のムービングターゲットに対して、固定化されたターゲット（Fixed Target）」です。しかし、実際のビジネスでの課題解決は、このようにはなりません。実際は図の⑧のように、T1と「仮決めしたターゲット」に向かって、仮にやってみること、そしてその結果を振り返ることを通して、T2をさらに設定し、T3を設定していくのです。

私たちのデータからも同様のことが示されています。「一度決めた課題の方向性が妥当かどうか検証する」や「当初決めた課題の方向性について定期的に確認し合う」といったチーム行動とチームのパフォーマンスには正の関連があることが分かりました（図表4-5）。一方、「一度

【図表4-5】解くべき課題の更新

	アウトプットの質	関係性の質
全員が納得するまで十分に議論して決定した	.367**	.513**
一度決めた課題の方向性が妥当かどうか検証していた	.315*	.351**
当初決めた課題の方向性について定期的に確認し合っていた	.314*	.383**
ほとんど議論せずに決定し、その後も特に修正することはなかった	–.266*	–0.126
一度チームで決めた課題の方向性を見直すことは面倒だと感じ、やり過ごしている	–.302*	–0.194

（正の関連あり／負の関連あり）

** 相関係数は1%水準で有意（両側）です。
* 相関係数は5%水準で有意（両側）です。

【分析の詳細】

注：数値の隣の*は、相関係数の有意水準の程度を表しています。*は5%有意水準，**は1%有意水準を表します（有意水準は数値が小さいほど、示された関係が統計的に意味がある可能性が高いことを示す）。

チームで決めた課題の方向性を見直すことは面倒だと感じ、やり過ごしている」というチーム行動はチームのパフォーマンスと負の関連にあることが明らかになりました（図表4-5）。

　つまり、最初に十分に議論を重ねて設定された「解くべき課題」を絶対のものとして安住し、最初から最後まで、それを変えずに活動をするよりも、ターゲットを動かしながらダイナミックな課題解決を行った方が、成果が高いのです。

　当初は仮決めの「解くべき課題」であってもいい。しかしながら、チーム全員で手探りをして行動し、その結果をチームで議論しながら、定期的に定めた課題が本当に妥当かを確認・検証することが高い成果につながるということなのです。

この行動プロセスを図にすると以下のようになります。

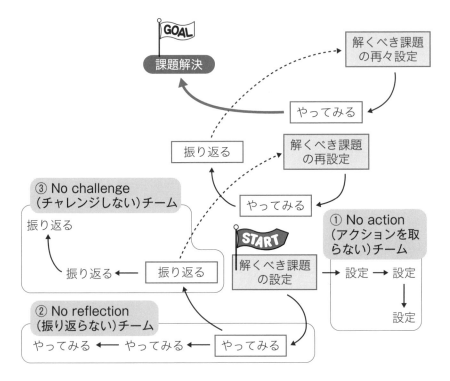

このサイクルが回っていないチームには３つの特徴があります。

1つめは、解くべき課題を探すことが目的化してしまい、いつまでたってもアクションしない①「No action（アクションを取らない）チーム」です。最初の課題設定で、精度100%の「真の課題」をめざそうとすると、このような状況に陥りがちです。

2つめは、一度定めた課題にフォーカスして取り組むことで、いつのまにか目標とズレた方向へ進んでいってしまう②「No reflection（振り返らない）チーム」です。「解くべき課題を設定したら、あとはひたすらアクションあるのみ」という行動重視のチームに陥りがちです。

3つめは、解くべき課題を設定し、アクションした結果をチームで振

り返ってはいるものの、その結果を踏まえて、新たな課題を設定しよう
としない③「No challenge（チャレンジしない）チーム」です。チー
ムが本来達成すべき目標が何かを見失っているチームで生じがちです。

　以上のような状態に陥らないためには、まずは仮決めでもいいので、
大まかな課題の方向性を定め、「全員アクション」と「チームリフレクショ
ン」を繰り返しながら、「解くべき課題」をブラッシュアップしていく
ことが重要です。それにより、課題そのものの精度も、行動の精度も高
まり、最終的に目標達成につながる課題解決ができる、というわけです。

アクションしないチームに多発する「社会的手抜き」

　行動しながら考え続け、最後まで「解くべき課題」の精度を高めてい
く「チーム行動プロセス」を阻むものは一体、何なのでしょうか。
　チームワーク調査の結果見えてきたのは、成果の低いチームでしばし
ば起こる「社会的手抜き」という現象です。
　「社会的手抜き」とは、集団で共同作業をするときに、個人作業をする
ときよりも、仕事をサボりがちになり、生産性が低下する現象を指しま
す[29]。皆さんも、大人数で大きな机を持ち上げて運ぶ際、一緒に運んで
はいるものの、力を入れずにただ手を添えているだけになってしまった、
という経験をしたことはないでしょうか。このように、共同作業をして
も人数分の効果が発揮できず、やっているふりをするだけの「フリーラ
イダー」が出てきてしまうような現象を「社会的手抜き」と言います。

29　Latané, B., Williams, K., & Harkins, S. (1979). Many hands make light the work: The causes and consequences of social loafing. Journal of personality and social psychology, 37 (6), 822.

「社会的手抜き」が起きてしまう要因については、すでに先行研究で多くのことが分かっています。たとえば、大阪大学の釘原直樹氏によれば、社会的手抜きは主に以下の要因によって引き起こされる社会的行動であることが指摘されています[30]。

社会的手抜きの主な要因

①評価可能性
　チームに対する一人ひとりの貢献が適切に評価されない
②努力の不要性
　たとえ自分が努力してもチームの成果に影響を与えない
③手抜きの同調
　他メンバーも手抜きをしているので自分も手抜きして問題ない
④緊張感の低下
　チームにいると当事者意識が薄れ、緩んでしまう

より具体的には、一体どのような要因が、社会的手抜きを引き起こし、チームの成果に影響を与えているのでしょうか。

まず思い浮かぶのが、久保田のようなやる気あふれる「エースメンバーの存在」です。頼りがいのあるエースメンバーがいる場合、どうしても「あの人にお任せしよう」となってしまいがちです。そうした優秀なメンバーへの依存傾向は、チームの成果にどのような影響を与えるのでしょうか。

図表4-6は、社会的手抜きの実態を調査した結果です。社会的手抜きに関する4つの質問項目に対してそれぞれ「あてはまる」に該当する選択肢を選んだチームメンバーの割合を示したグラフです。図表4-6によ

30　釘原直樹（2015）『腐ったリンゴをどうするか？』三五館

【図表4-6】成果の低いチームで多発する「手抜き」問題

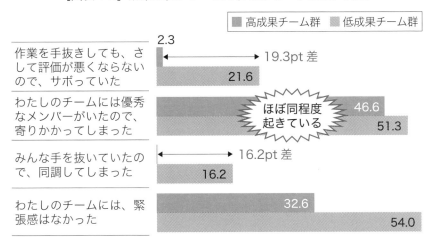

【分析の詳細】
・棒グラフの割合は、各質問項目に対して「あてはまる」「ややあてはまる」と回答した
　チームメンバーの割合を示しています。

れば、「優秀なメンバーに寄りかかってしまう」という現象は、成果が高いチームと低いチームでほぼ同程度起きていることが分かります。実は多少エースメンバーに寄りかかることがあっても、他のメンバーも手を抜かず、協力し合って取り組めていれば、成果に影響を及ぼすことはないのです。

　それよりも深刻なのは、先ほどの「社会的手抜きの主な要因」のうち、①と③に該当する以下のような問題です。

①評価可能性
　「作業を手抜きしても、評価が悪くならないのでサボる」
③手抜きの同調
　「みんな手を抜いていたので、自分も手を抜く」

こうした項目については、高成果チーム群と低成果チーム群ではっきりとした差が見られます。このことから、成果の低いチームでは、「エースメンバーだけに頼り、他のメンバーも手を抜いていて、自分自身が真剣に取り組んでいなくても、評価が悪くなることもない」といった状況が生まれていることが分かります。

つまり、「他の人もやっていないから『ま、いいか』」「誰も評価していないから『たぶん、ばれない』」「エースメンバーが『きっと、やってくれるはず』」といった状況が、「社会的手抜き」を生んでしまうのです。

こういった「社会的手抜き」は、どう防げばいいのでしょうか。

どのようなチームコミュニケーションが「社会的手抜き」につながるのかを調べてみたところ、以下の3点との関わりが強いことが分かりました（図表4-7）。

1. 「やる気のないメンバーの存在」
   チームに、特にモチベーションやコミットメントの低いメンバーがいた

2. 「不完全な状態でのアウトプット共有に対する抵抗」
   タスクの途中経過を他のメンバーに共有するのが気恥ずかしかった

3. 「仲良し関係の重視」
   チーム内で議論し関係性が悪くなるくらいなら、チームの関係性を重視したい

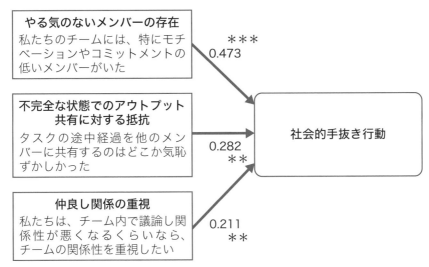

【図表4-7】社会的手抜きの要因

【分析の詳細】
注1：独立変数には「やる気のないメンバーの存在」などを投入し、「みんな手を抜いていたので、同調してしまった」（チーム解散時）を従属変数とした重回帰分析を行いました（調整済み R^2 =.376）。また変数選択にはステップワイズ法を用いました。
注2：矢印の実線はプラス（正）の影響を示し、破線はマイナス（負）の影響を示しています。また矢印の上にある数値は影響度（ β ）の強さを示しています。
注3：数値の隣の*は10％有意水準、**は5％有意水準、***は1％有意水準を表しています（有意水準は数値が小さいほど、示された関係が統計的に意味がある可能性が高いことを示す）。

　これらは、先述した「チーム行動プロセス」（①全員アクション：チームの全員が課題解決のために分担した役割を遂行（アクション）し続けている、②チームリフレクション：割り振られたタスクや実践した内容が課題達成のために適切であったか、チーム視点で振り返り続けている）によって防ぐことができます。

　またより具体的には、それぞれに対し、以下のような対策を講じることが必要です。

1. 「やる気のないメンバーの存在」（質問項目：チームに、特にモチ
   ベーションやコミットメントの低いメンバーがいた）
   対策：ただ「全員アクション」するだけでなく、そのプロセスを全
   　　　員が共有できる状態にしておき、「チームリフレクション」
   　　　する中でお互いの良い点を褒め合うなど、プロセスを評価す
   　　　る機会を設ける。

2. 「不完全な状態でのアウトプット共有に対する抵抗」（質問項目：タ
   スクの途中経過を他のメンバーに共有するのはどこか気恥ずかし
   かった）
   対策：最初に「タスクが不完全な状態を恐れない」「他者からの
   　　　フィードバックなしにタスクの質を高めることはできない」
   　　　という「グラウンドルール」をチームで共有し、相互に
   　　　フィードバックしやすい状況をつくっておく。

3. 「仲良し関係の重視」（質問項目：チーム内で議論し関係性が悪くな
   るくらいなら、チームの関係性を重視したい）
   対策：ネガティブなフィードバックによって関係性を崩したくない
   　　　という過度な「仲良し重視カルチャー」が原因で、やる気の
   　　　ないメンバーを放置し、その同調圧力に押され、結果的に
   　　　チーム全体の士気が低下する（＝社会的手抜きが蔓延する）
   　　　ことがある。それを防ぐには、フィードバックは「ヒト（相
   　　　手の人格や価値観）に対してではなく、コト（相手の行動）
   　　　に対して行われるものである」というグラウンドルールを
   　　　チームで共有した上で「チームリフレクション」を行うよう
   　　　にする。

> 【ここまでのまとめ】
> Task Working：動きながら課題を探し続けるための行動原理
> ①「解くべき課題」を見極める
> ②行動（全員アクション）と振り返り（チームリフレクション）
> 　で「解くべき課題」の精度を高めていく
> ③社会的手抜きを放置しない（一瞬で蔓延する）

　ケース2にはもう1つ、もしこのプロジェクトの時間を元に戻すのならば、あなたは、最初に何から始めますか？　という問いもありました。

　以下に解説しますので、今回もまずはぜひご自身で問いを考えた上で、確認してみてください。

問題解説

2）このプロジェクトの時間を元に戻すのならば、あなたは、最初に何から始めますか？

①「人材不足」という問題を再定義する

　第1回目の打ち合わせでは、すぐに解決策の方向性について議論するのではなく、経営から与えられた「人材不足」という問題を再定義することに時間を使います。

　具体的には、会社として実現したい「理想的状態」と、今、会社にはどのような人材がどの程度いるのかという「現状」を確認した上で、いつまでにどのような人材がどの程度必要なのか、ということについて再定義を行います。

　必要であれば、経営陣へのヒアリングや人事部門に問い合わせるべきデータなどを検討し、まずは「キャビネット社の人材不足」を自分たち

の言葉で明文化できる状態をめざしましょう。

② データを集めて、調べ尽くして、解くべき課題を仮決めする

　経営陣へのヒアリングや収集した人事データをもとに、「キャビネット社の人材不足」とはどのような状態を指すのか、について明文化できたら、次に取り組むべきは「その問題がなぜ生じているのか」という課題の洗い出しと、解くべき課題の設定です。たとえば、AIエンジニア人材が不足しているのであれば、エンジニア人材の不足を生み出している課題を洗い出すようにします。「優秀な人材を採用できない」という採用上の課題か、それとも「人がすぐに辞めてしまう」という職場の課題か、あるいは「今、働いている人の生産性が低い」というその他の組織・人事マネジメント上の課題が原因か、想定される課題を洗い出した上で、最も問題の解決にインパクトのある課題を絞り込むのです。

　数ある課題の中から解くべき課題を絞り込む上では、以下３つの視点で検討する必要があります。

　　１）問題の解決に直結する課題か？

　　２）関係者が解きたいと思える課題か？

　　３）解くことができる課題か？

　今回のケースでは、人事担当役員から「我が社の人材不足という課題の解決にどのように結びつくのだろう？」「これを実現するには莫大な費用がかかる」という指摘があることから、１）と３）に対する要件を満たしていなかったことが分かります。

③ 解くべき課題を解決する解決策を考え、全員アクションする

　解くべき課題の方向性が定まったら、いよいよ具体的な解決策の検討に入ります。ここは各メンバーの持つ多様な知見・専門性を存分に活か

して、プランの方向性を多角的に検討していくフェーズです。ここで重要なことは、全員でチームの目標（ケース 2 ではキャビネット社の人材不足を解消する有効なプランを提案し、経営層から高い評価を得ること）をしっかりと見定めた上で、必要な役割とアクションプランを検討することです。久保田のようなやる気のある人に残りのメンバーがフリーライドしたり、計画だけ立てて行動しないチームにならないように、全員アクションする必要があります。

④ チームリフレクションで解くべき課題の質を高めていく

　最初に定めた「解くべき課題」はあくまで「ver.0.1」に過ぎません。実際にアクションする中で見えてきた事実を手掛かりに「解くべき課題」を柔軟に軌道修正できるよう、定期的にチームの現状をリフレクション（チームリフレクション）する機会を設けるようにします。

　リフレクションの質は、フィードバックの質に左右されます。良質なフィードバックを共有し合えるチームになるために、フィードバックする側は「フィードバックはヒト（相手の人格や価値観）に対してではなく、コト（相手の行動）に対して行われるもの」という認識を持ち、フィードバックを受ける側も「タスクが不完全な状態を恐れない」「他者からのフィードバックなしにタスクの質を高めることはできない」というマインドセットを持つことをチームのグラウンドルールにしておくことが重要です。

　フィードバックに関する詳細については、第 5 章で見ていきましょう。

「DX発」の改革からは何も生まれない、
センサーは現場にある！

　最近では女性向けの店舗づくりなどで話題の作業服チェーン、株式会社ワークマン。全社員がエクセルを用いてデータ分析を行うことで、全員参加型のデータ経営の実現をめざすという「エクセル経営」を取り入れ、大きく業績を伸ばしています。これは、現場でTask Workingを行える武器を与えていると言えるでしょう。

　以下、株式会社ワークマンの土屋哲雄さんと中原との対談記事から、一部を紹介します。

■ 100年勝ち続ける会社に

中原：なぜ、データ分析のプロを雇うのではなく、全社員にデータ
　　　教育をしようと思われたのですか？

土屋：環境の変化が激しすぎるからです。リーマンショックや東日
　　　本大震災だけでなく、毎年のように台風や大雨などの天災に
　　　見舞われ、この2年で4店舗が流されました。今回の新型コ
　　　ロナのようなこともあります。こんな時代にトップが3年、
　　　5年の中期経営計画を立てたところで、役に立ちません。

中原：変化が激しい時代には、中央が末端の情報を集め、計画を立
　　　ててからまた末端に指示を送る、というやり方では遅すぎる
　　　と？

土屋：そうですね。昔はトップが情報を把握できましたが、今は変化が激しく、そうはいかない。下に行くほど新しく、正確かつ重要な情報を持っているのが実情です。だから現場でデータを集め、現場で実験して検証していく必要があるのです。中央にビッグデータを集めて分析をすれば、相関関係は出ます。ですが、ビジネスにおいて必要なのは因果関係です。「この店でなぜこの色が売れ残ったのか」「なぜこのサイズは売れないのか」といった問題は、因果関係でしか解けません。社員には上の言うことは決して鵜呑みにせず、自分自身でデータを検証するように、と話しています。

中原：実験して因果関係を明らかにするために、現場でデータ分析をするわけですね。確かに、現場から遠い本部はAのやり方とBのやり方のどちらがいいのか、実験できませんからね。

土屋：そのとおりです。マーケットにも製品にも興味がない本部のデータサイエンティストの分析より、店舗スタッフ、または加盟店に一番近いところにいるSV（スーパーバイザー）の分析の方が役立つのです。
管理職にはいつも、「データ分析に基づく現場の判断が正しいと思えば、いつでも自分の指示を変更できるようになれ。意見を変えられるのがいい上司だ」と言っています。もちろん上司にもプライドがありますから、現場としては話しづらいこともあると思いますが、「あなたのやり方が違います」ではなく、数字を見せながら、「今のデータはこうなっているからこうした方がいい」と議論すれば、受け入れてもらえ

るはずです。

■「冗員ゼロ宣言」を実現

土屋：ちなみにワークマンには、目標はありますが、期限は設けていません。商社時代に経営企画にいて、中期経営計画をつくっていたので分かるのですが、期限内に目標を達成している会社はほぼありません。どの会社も目標を5個も10個もつくり、「3年で業績30％アップ」などと、ギチギチの数字を掲げるので達成できないのです。頭のいい人は1年、いや、半年で目標達成をあきらめて、適当にやろう、と思ってしまう。

ワークマンでは、目標は達成するまであきらめません。時間はかかってもいい。人も替えません。優秀な人でなければできない事業にしたら、100年続けることはできないので、凡人ができるような事業しかやりません。だから時間をかけて取り組んでもらうのです。

中原：一度「目標は達成しなくてもいいものだ」と学んでしまうと、やってるふりをするようになってしまいますよね。

土屋：ワークマンの目標は「客層拡大」の1つだけ。それも基本的には、同じ製品を異なる客層に売ることをめざしています。低価格・高機能を保ちながら、"声のする方"へ進化していき、50年、100年のスパンで少しずつ客層を広げていこうと。

中原："声のする方"にいるのはエンドユーザーですか？

土屋：エンドユーザーであり、加盟店の方々です。声を聞く優先順位はお客様、加盟店、そして社員です。客層拡大のためにすべきことは、「しない経営」（注：「社員のストレスになること」「ワークマンらしくないこと」「価値を生まないこと」はしない経営）と「エクセル経営」だけです。難しいことですが、難しいからこそ何年かかってもいいからやろう、と思っています。

中原：先が見えない時代ですが、今後、どんな方向に進んで行きたいと思われていますか？

土屋：私は「上に行けば行くほど間違える」と思っています。現場に権限を委譲し、現場ですべてが決まるようにしないと。経営まで行かず、マネジャークラスで意思決定ができる、アジャイルで末端に頭脳のある会社にしたいです。

中原：ここまで一連の改革についてお聞きしましたが、まさに組織論のお話ではないかという気がしてきました。

土屋：組織論ですね。"凡人の凡人による凡人のための経営"で組織を変え、100年続く競争優位をつくりたいです。これまで作業服の分野で40年の競争優位をつくり出しました。撥水、防水、透湿など、低価格多機能ではナンバーワンですので、この強みを伸ばしながら「100年企業」にしていけたらと

思っています。

『Learning Design』2021年1〜2月号　Good Teamのつくり方「全員がデータを語り始める！ エクセル経営でつくる100年計画」より

第 5 章

チームのために思ったことをはっきり伝える

ケースとデータで学ぶ
Feedbacking

TEAM
WORKING

「私は、マズイと思っていた」

☰ 期待のサブスクリプションモデル

　小林ほのかは、外食チェーン大手「シェックバーガー」に勤める35歳のマーケターだ。この会社には、中途採用で入社し、今や、店舗の新キャンペーンの企画立案の責任者を任されている。マーケティングチームのメンバーは、小林のほか、20代の荒木康生、30代のワーキングマザー種村さやか、40代のベテラン鷲巣一馬がいる。マーケティングチームでは、この夏から導入する店舗での新キャンペーンの企画を詰めていた。

　小林たちが導入しようとしている新キャンペーンは、1か月4,980円で、ランチタイムに看板メニューであるバーガー数種を食べ放題とするサービス、名付けて「シェック・ランチパスポート」である。最近、サブスクリプション（定額制）がビジネスモデルとして注目されていることから、これを外食に当てはめ、実現しようとしている。

　うまくすれば、大幅に新規顧客が取り込めるほか、何も提供しなくても、年間6万円近くの課金が自動的になされるので、ビジネス上のうまみは大きい。低い利益率で、1円単位の勝負を積み重ねてきた外食産業としては、これにかける期待は大きかった。実際、役員プレゼンでは、そのことを重ねて主張した。

　この企画を推し進めてきたのは、40歳のベテラン鷲巣一馬である。彼は、豊富なマーケター経験を活かし、このサブスクリプションモデルの導入に、強い意気込みを持っていた。

☰ 一抹の不安

　しかし、他のメンバーに不安がないわけではなかった。まず、一番不安を感じていたのは、ワーキングマザーの種村だった。種村は心の中ではこう思っていた。

　「うちのお店の平均客単価は約1,000円だから、単純計算して月に5回食べれば元を取れてしまう。もし、これを導入したら、毎日のように食べに来る常連さんたちからの売り上げが減ってしまわないかな……。それに、こういう話は、一番に現場の店長さんたちに相談するべきだと思うんだけど……」

　そこで種村はミーティングの際に、次のように発言した。

　「サブスク企画は悪くないと思いますけど、うちの会社では、何事もまず店長たちに聞いてみなくちゃ。鷲巣さん、店長たちの声、聞かれました？」

　すると鷲巣は「これから聞くよ。ただね、批評家みたいに言いたいことだけ言わないで欲しいんだよ。こちらはしっかりシミュレーションしてきた上で提案しているんだから。じゃあ、君がやってみてくれよ」と激高した。

　種村は、短時間勤務を取得中で残業ができないことで引け目を感じていたこともあり、それ以上、鷲巣に対して意見することができ

なくなってしまった。

　20代の荒木も懸念を持っていたが、やはりそれを口に出すことができずにいた。最年少の荒木は、営業部にいた新人時代から鷲巣に世話になっており、希望していたマーケティング部への異動も、鷲巣の働きかけによって実現したものだった。そのため、鷲巣の提案に異を唱えることは憚られたのだ。荒木が懸念していたのは「もし、これが導入されれば、若い人たちは、友達と定額チケットを貸し借りして、誰も料金を払わなくなるのではないか？」ということだった。そのためにはID認証が極めて重要なのだが、鷲巣のアイデアの中には、そのリスクヘッジがなかった。会議で意見を求められれば、そのことを口にしようと思っていたが、結局その機会はなかった。

　一方、小林は、今回のことについてあまり不安を感じていなかった。というのも、小林にはチームリーダーとしての業務以外にもやらなければならないことがたくさんあり、それどころではなかったからだ。荒木も種村も鷲巣とはいい関係を保っていたし、やる気になっている鷲巣にこの件をまかせて、成功させることができれば、チーム全体の業績も上がるだろう、との期待もあった。小林が心がけていたのは、鷲巣に思い切り仕事をしてもらう環境を整えることだけだった。鷲巣には、プロジェクト運営のすべてを任せ、権限を与えていた。

　一方、鷲巣は、野望を持っていた。「マーケティングのプロ」という触れ込みで、中途採用で入社した鷲巣は、ワンマンな性格もあり、出世が遅れていた。今では、年下の小林にチームリーダーのポ

ジションを取られている。だが、もしもこのプロジェクトがうまく
いけば、引き上げてもらえるかもしれない。「このチャンスは絶対
に逃すことができない」。そう考えた鷲巣は、この件については調
査から企画立案まですべて一人で行っていた。彼がリーダーシップ
を発揮すればするほど、他のメンバーは何も言わずに従うように
なってきたので「マーケティングチームはみんな協力してくれてい
る」と感じていた。

☰ 葛藤

　新キャンペーンの企画は、役員会にかけられることとなり、鷲巣
と小林がプレゼンを行った。役員からは「店舗の責任者と話し合い、
リスクを洗い出したのか？」という質問が出た。実際は、鷲巣は、
店舗の責任者とは話し合っていなかった。鷲巣は以前、店舗側と揉
めたことがあり、現場の都合ばかりを言ってくる店長たちに対して
苦手意識があったからだ。しかし、ここで振り出しに戻るのはいや
だったので、「リスクはしっかりと勘案しています」とだけ答えた。
役員会は無事に通過し、新キャンペーン企画にゴーサインが出され
た。

　しかし、事態は急転直下。役員会の決議を見て、店舗の責任者が
マーケティングチームに怒鳴り込んできたのだ。

　「ちょっと待ってよ。あんたらは、店舗をつぶす気か？　4,980
円でサブスクなんて、どうやって軌道に乗せるんだ？　毎日来てく
れるお客さんが全員サブスクになったらどうする？　チケットを使
い回すやつが出てきたら、それでも、バーガーを出すのか？

4,980円なんてあっと言う間だぞ。そもそも、この件は、俺に相談したか？　こんなことをやるなら、まずは店に相談するのが筋ってもんだろう？　マーケティングチームはどうなってるんだ？　君ら、本当に話し合ったのか？」

　鷲巣と店舗の責任者とで押し問答になっているところで、荒木が、おそるおそる口を開いた。
「実は、僕は……この案は、最初から厳しいと思っていたんですよね……」
「私もです」と種村が続いた。
「えっ？　なんだって？　なんでもっと早くそれを言わないんだ」と鷲巣が返した。
　小林はその光景を黙って見ているだけだった。

問題

1）マーケティングチームには、なぜ、何も言えない雰囲気が生まれたのでしょうか？
2）この状況に陥らないために、小林ができたことは何でしょうか？

あなたなりの答えを、考えてみましょう。

ケース 3　解説

　ケースを読んでみていかがでしたか？　マーケティングチームでは、夏に向けてサブスクリプションモデルを取り入れた新たなキャンペーン企画を進めることになりました。ベテランマーケターである鷲巣が中心となって企画立案を進めますが、各チームメンバーからの批判的な指摘やフィードバックに耳を傾けることなく、一人で独走し、店長たちからの大反対に合ってしまいました。なぜ、このチームはうまくいかなかったのでしょうか。

問題解説

1）マーケティングチームには、なぜ、何も言えない雰囲気が生まれたのでしょうか？

3つのつまずきポイント

　このケースはベテランの鷲巣がワンマンで企画を進めてしまったことが、一番の失敗原因です。ですが、チームワーキングの視点で見ると、違った面が見えてきます。

　このケースでも、3つの重要なつまずきポイントがありました。

　1つめのつまずきは、メンバーの種村、荒木が、ベテランの鷲巣のプランに対して懸念する点をフィードバックすることができなかった、というところにあります。

　種村は「常連さんたちからの売り上げが減ってしまうことで、店舗の売上に悪影響があるのではないか」「まずは最初に現場の店長さんたち

に相談するべきだ」と考えたものの、ミーティングで鷲巣に激高されてしまって以来、懸念点を率直に伝えることができなくなってしまいました。

　最年少の荒木は、「定額チケットを他人に貸与することを防ぐため、ID認証の仕組みを取り入れる必要があるのではないか？」と感じていたのですが、これまでお世話になってきた鷲巣に対する遠慮があったこともあり、また、会議で意見を求められることもなかったため、自分の率直な意見を鷲巣に伝えることはできませんでした。

　さらに、チームリーダーの小林は、忙しかったこともあり、ベテランである鷲巣にこのプロジェクトを任せっきりにしていました。そのため、鷲巣の提案を検討したり、アドバイスしたりすることはほとんどありませんでした。

　その結果、早い段階でフィードバックを受け取ることができず、チーム視点で企画案を改善することができませんでした。

　2つめのつまずきは、鷲巣にフィードバックできずにいるうちに、チームでの課題解決プロセスが「後戻りできない地点（Point of No Return：ポイント・オブ・ノー・リターン）」まで到達してしまった、という点にあります。

　チーム内でお互いに言いたいことを言い合うためには、「時間」が必要です。修正し改善する時間がまだある、と分かっているからこそ、少し耳の痛いことを指摘することができるのです。「もしここでこれを言ってしまったら、もう役員会のプレゼンに間に合わないかもしれない」あるいは、「言ってしまったら自分が全部巻き取ってやらなければならないかもしれない」と思えば、その時点でもうフィードバックはできなくなってしまいます。

　結局、「このままではうまくいかない」ということが分かっていても、

残業ができない短時間勤務中の種村は、鷲巣が一人で進めてきた企画の修正プランづくりを役員プレゼンまでにやりきる時間的余裕がなかったため、「ま、いっか」と見過ごしてしまいました。荒木も、「このままではうまくいかない」とは認識しつつも、年少で、経験、スキル不足も感じていたため、短い時間内に企画の修正プランを提案することができそうにないと考え、「このままでいいか」と放置してしまったのです。

チームリーダーの小林がもう少しこまめにプロジェクトの進捗、チームの状態を把握していれば、早めに介入して修正も可能だったかもしれませんが、小林はそもそも今回のプロジェクトに深く関与していなかったので、それもできませんでした。

3つめのつまずきは、**チームメンバーの人間関係**にあります。種村と荒木の二人が鷲巣に率直なフィードバックを伝えられなかったのには、強引でカッとなりやすい鷲巣の性格上の問題もありますが、二人が鷲巣に引け目を感じていたところにも原因があります。

ワーキングマザーの種村は短時間勤務中ということで、残業ができないことに引け目を感じていました。一方、荒木は、新人時代から鷲巣の指導を受けていたということで、お世話になった先輩である鷲巣に異を唱えるような意見を言い出しにくいところがありました。

さらにもう一人、チームリーダーの小林も、鷲巣に対しては少し口をはさみにくいところがありました。ベテランの年上部下ということもありましたが、なにより、プロジェクトを鷲巣に丸投げしていて、きちんと見ていなかったので、鷲巣に対して、強くは言えなかったのです。

かくして、鷲巣は独走し、チームは表面的な衝突を避けて、活動を続けていきました。この結末に、チームの成果が伴わず、大失敗となってしまったことは、ケースに見るとおりです。シーツは、四隅の一角だけを一人で持ち上げても、シーツを持ち上げることはできません。四隅に

四人が立って、それぞれがシーツの角を握り、お互いに「大丈夫？　準備はできた？」と、声を掛け合い、息を合わせて一斉に持ち上げることで、初めてシーツを持ち上げることができるのです。

　チームでの活動というのはこれに似ています。鷲巣は仕事熱心で、優秀なマーケターではありますが、一人の力ではシーツを持ち上げることはできなかった、というわけです。

事例解説

Feedbacking：相互にフィードバックし続ける

コケるチームは、徐々にフィードバックしなくなる

　第4章で、動きながら「課題」を探し続け（Task Working）、「解くべき課題」を見極めることが成果につながる、ということを確認しました。ケース3のマーケティングチームでは、種村、荒木は鷲巣の提案に対して、懸念する点があったにも関わらず、それをフィードバックすることができないまま、プロジェクトが進んでいってしまいました。ここでのフィードバックとは、「耳の痛いことも含めて、お互いに思っていること、考えていることを相手に伝えること」を示します。

　チームワーキングにおける相互フィードバックには、解くべき課題や解決策（プラン）など「課題に関するもの」と、チームの状態やチームメンバーの行動など「人の問題に関するもの」の大きく2つの意味でのフィードバックが含まれています。「解くべき課題」を見極め、「解決策」をブラッシュアップするためのフィードバックもあれば、チームとして「全員アクション」「チームリフレクション」ができるよう、仕事のやり方、行動に対してのフィードバックもあるというわけです。

　チームワーク調査でも、「気兼ねなく反対意見を言い合える雰囲気」とチームのアウトプットの質の高さには有意な正の関連があることが分かっています（図表5-1）。単に良いところを認めるだけでなく、足りないところを批判的に指摘するようなフィードバックができるチームの方が最終的に高い成果を上げられる、ということです。

【図表5-1】チームコミュニケーション

アウトプットの質

私たちには、気兼ねなく反対意見を言い合える雰囲気がある	正の関連あり	.274*
私たちは、チーム内で議論し関係性が悪くなるくらいなら、チームの関係性を重視したい	関連なし	−0.179

* 相関係数は5％水準で有意（両側）です。

【分析の詳細】
注：数値の隣の＊は、相関係数の有意水準の程度を表します。＊は5％有意水準（有意水準は数値が小さいほど、示された関係が統計的に意味のある可能性が高いことを示す）。

　また、興味深いことに、チーム内で議論し関係性が悪くなるくらいなら、チームの関係性を重視したいと考える「仲良し意識」は、チームの関係性の質との間にも有意な関連がないことが分かりました（図表5-2）。関係性の質を高めようとする意識や行動は、残念ながら結果に結びつかないということです。

【図表5-2】仲良し意識とチームの関係性の質

関係性の質

私たちは、チーム内で議論し関係性が悪くなるくらいなら、チームの関係性を重視したい	関連なし	−0.185

　では、フィードバックができるチームとできないチームにはどのような違いがあるのでしょうか。実は、成果の低いチームでは、最初から相

互フィードバックができていないというわけではなく、最初はできていたのに、徐々にできなくなってしまう、ということがチームワーク調査の分析結果で明らかになりました（図表5-3）。

　図表5-3は、「私たちは、お互いの行動やタスクがうまくいくようフィードバックし合っている」という質問項目に対して「あてはまる」に該当する選択肢を選んだチームメンバーの割合を示したグラフです。先ほど述べたように、チームでの課題解決活動の初期段階で比較すると、高成果チーム群より低成果チーム群の方が相互フィードバックをしてい

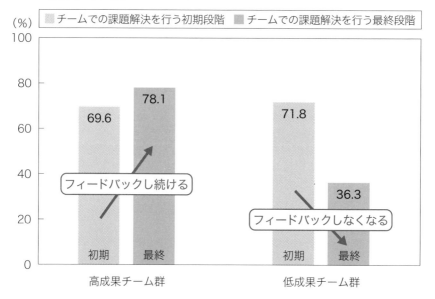

【図表5-3】成果の高いチームは相互フィードバックし続けている

質問：「私たちは、お互いの行動やタスクがうまくいくようフィードバックし合っている」

【分析の詳細】
・棒グラフの割合は、「私たちは、お互いの行動やタスクがうまくいくようフィードバックし合っている」という質問項目に対して「とてもあてはまる」「かなりあてはまる」「どちらかと言えばあてはまる」と回答したチームメンバーの割合を示しています。

ると回答する割合が高いことが分かります。しかし、チームでの課題解決活動の最終段階になると、高成果チーム群はその割合が約10ポイント近く上昇して78.1％であるのに対して、低成果チーム群ではなんと35ポイント以上も低下し、36.3％にまで落ち込むことが明らかになりました。

　成果の高いチーム、低いチームどちらも、チームでの課題解決活動の初期段階には「お互いの行動やタスクがうまくいくよう」相互フィードバックができているのに、チーム活動を進めるうち、成果の低いチームでは、フィードバックをしなくなってしまうのです。チーム活動を続けるうち、何かが引き金となって、相互フィードバックをやめてしまう。すると成果が上がらなくなる、ということが推測されます。

　成果の低いチームでは、なぜ、相互フィードバックをしなくなってしまうのでしょうか。原因はいくつかありますが、大きく分けて5つほど考えられます。

Feedbacking を阻む5つの壁

①フィードバックできない

　チーム内で明確な役割分担がされ、個業化していて自分以外の仕事が分からないため、フィードバックできない。そして、チーム活動の中に、フィードバックをする機会が設けられていない。

②フィードバックしにくい

　フィードバックをすることで関係が悪化してしまいそうな雰囲気があり、なかなか言い出せない。チーム内の人間関係を重視するあまり、批判的な意見を出しにくい。

③フィードバックしても意味がない

フィードバックしたところで、否定されたり無視されたりして聞いてもらえそうにない。何度言っても、物事が変わらないときに、人はフィードバックの無力感を学習します。言っても、言わなくても結果が変わらないので、敢えて口にはしなくなるのです。

④フィードバックしても間に合わない

時間的、コスト的に「後戻りできない地点（Point of No Return）」にあることが分かっているので、フィードバックしても間に合わない。

⑤フィードバックするのが面倒くさい

フィードバックをすれば、必ず議論になります。そして、時間に追われる多くのひとびとにとって議論は「コスト」です。敢えて言挙げをして、時間や精神的な労力をかけるくらいなら、あとは野となれ、山となれ、というかたちで見過ごしてしまうことも、起こりえるでしょう。

相互フィードバックを阻む要因はこの5つ以外にもさまざまありますが、チームである以上、どの要因にも根底に潜んでいるのが「人間関係」の問題です。フィードバックを行うことでチームの人間関係を壊したくない。フィードバックをしたあとでも、人間関係を維持・継続しなくてはならないと思うからこそ、人はフィードバックをためらいます。

では「人間関係」のどんな問題が相互フィードバックを妨げているのでしょうか。チームワーク調査によって分かってきたのは、「仲良しチームが良いチーム」といった「仲良し信奉」が、相互フィードバックを阻んでいるらしい、ということです。

相互フィードバックを阻む「仲良し信奉」

　我々、日本人の多くは小学校、いや幼稚園、保育園の頃から「お友だちとは仲良く」「仲良しチームは良いチーム」ということを植え付けられてきています。当然ながら、チームメンバー同士が「仲良くすること」は決して悪いことではありません。ではなぜ、行き過ぎた「仲良し

【図表5-4】 チームを動かす上でメンバーが大切だと思っていること（チームメンタルモデル）

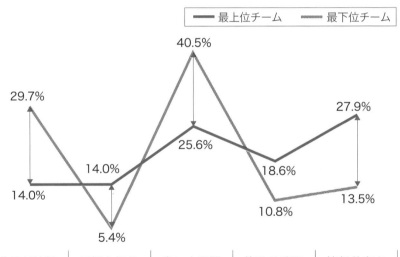

【分析の詳細】
注：「グループワークを効果的に進める上で大事だと思う取り組みについて、次の項目から大事だと思う順に「1」〜「5」の順位をつけて、お知らせください」という教示文を示し、「全員が納得するまで話し合うこと」「目標を握り合うこと」「良い人間関係を保つこと」「使える時間を意識すること」「情報共有を密にすること」の5項目を選択肢として設けました。【図表5-4】は、第1位に選んだ項目の割合を示しています。

信奉」が相互フィードバックを妨げてしまうのでしょうか。

　それは「仲良し信奉」には、「人間関係の悪化」を恐れるあまり、「仲良くすること」が目的化するという副作用があるからです。

　チームワーク調査では、成果の低いチームは成果が高いチームに比べて、「目標を握り合うこと」や「情報共有を密にすること」よりも、「良い人間関係を保つこと」をより重視するという結果が出ています（図表5-4）。

　繰り返しになりますが、チームにとって人間関係を良好に保つことは決して悪いことではありません。ギクシャクしてメンバー同士の信頼関係が失われたチームがいい結果を生むはずはないのです。では、なぜ「仲良くすること」を重視しすぎると、いい成果につながらないのでしょうか？

　そのメカニズムは、およそ次のようになっています。

「仲良し信奉」デスマーチのメカニズム

「仲良し信奉」デスマーチ

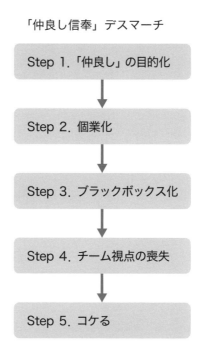

Step 1.「仲良し」の目的化

Step 2. 個業化

Step 3. ブラックボックス化

Step 4. チーム視点の喪失

Step 5. コケる

Step 1 「仲良くすること」が目的化する

　チームの結成直後というのは、まだお互いのことがよく分からず、信頼関係もありません。まずは「仲良く協力し合おう」という前向きの姿勢で、お互いに議論したり対話をしたりしながら、目標を握り合う、解くべき課題を絞り込む、解決策を考える、チームの方向性を考える、といったチーム活動を進めていくしかありません。ところが、大抵の場合、この過程で、意見の対立や認識の相違などが見えてきて、大なり小なり「仲良くできないかもしれない」状況が生まれます。

　図表5-5は、「私たちは、議論して関係性が悪くなるくらいなら、チー

【図表5-5】成果の低いチームは、仲良くすることが目的化していく

質問：「私たちは、議論して関係性が悪くなるくらいなら、チームの関係性を重視したい」

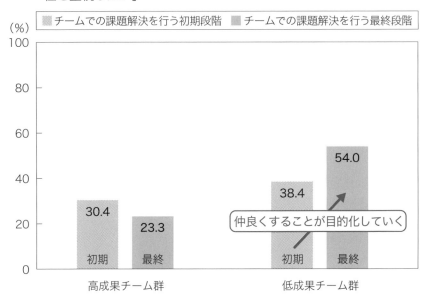

【分析の詳細】
・棒グラフの割合は、「私たちは、議論して関係性が悪くなるくらいなら、チームの関係性を重視したい」という質問項目に対して「とてもあてはまる」「かなりあてはまる」「どちらかと言えばあてはまる」と回答したチームメンバーの割合を示しています。

ムの関係性を重視したい」という項目に対して、「あてはまる」に該当する選択肢を選んだチームメンバーの割合を示したグラフです。高成果チーム群では、チームの関係性を重視する割合はチームでの課題解決活動を行う初期段階で30.4％から23.3％へ約7ポイント減少しているのに対して、低成果チーム群ではその割合は約16ポイント上昇し、チームでの課題解決活動を行う最終段階では半数以上のメンバーが、議論して関係性が悪くなるくらいならチームの関係性を重視したい、と回答していることが分かりました。

つまり、成果を上げられないチームは、意見の対立や認識の相違を見て見ぬ振りして、「チームの仲の良さ」を優先するようになるのです。

Step 2　摩擦を恐れて個業化する

「チームの仲の良さ」を優先するチームでは、当然、メンバー間の摩擦は「避けたいもの」として捉えられます。もちろん、「仲良くできないかもしれない」状況でも、摩擦を恐れず、お互いが納得するまで意見を戦わせたり、語り合ったりすることができれば、メンバー間に信頼関係が生まれ、前向きに協力し合うことができるかもしれません。しかし、成果の低いチームでは、摩擦を恐れるあまり、早々に「あなたのタスク」と「私のタスク」の間に明確な線を引き、個業化してしまう、ということが起きがちです。

図表5-6は、「私たちは、他のメンバーと相談せず、個人で作業することが多い」という項目に対して、「あてはまる」に該当する選択肢を選んだチームメンバーの割合を示したグラフです。チームでの課題解決活動を行う最終段階の時点で比較すると、低成果チーム群は、他のメンバーと相談せず、個人で作業することが多いと回答する割合が、高成果チーム群より約25ポイントも高いことが明らかになっています。

Step 3　他のメンバーの業務が見えなくなる

早々に役割分担をして個業化が進むと、当然、メンバー同士で関わり合う機会は少なくなり、お互いにどのような仕事をしているのかが見えなくなっていきます。「誰が何をやっているのか分からない」という状況に加え、「関係を悪化させたくない」という「仲良し信奉」の心理が働き、相手の守備範囲に踏み込んでフィードバックすることへの抵抗が生じ、相互にフィードバックし合う機会はますますなくなります。

それを裏付けるデータが図表5-7です。

【図表5-6】 成果の低いチームは、個業化していく

質問：「私たちは、他のメンバーと相談せず、個人で作業することが多い」

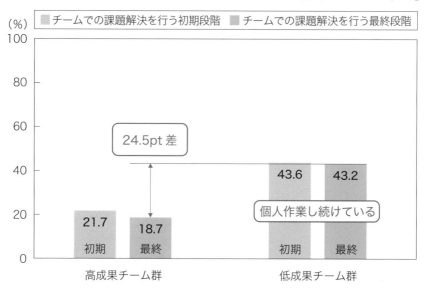

【分析の詳細】
・棒グラフの割合は、「私たちは、他のメンバーと相談せず、個人で作業することが多い」
という質問項目に対して「とてもあてはまる」「かなりあてはまる」「どちらかと言えば
あてはまる」と回答したチームメンバーの割合を示しています。

　図表5-7は、「私たちは、自分の担当する業務以外のことについてあま
り理解していない」という項目に対して、「あてはまる」に該当する選
択肢を選んだチームメンバーの割合を示したグラフです。低成果チーム
群では、当初25.7％であった割合が、チームでの課題解決活動を行う最
終段階には40.5％と15ポイントも上昇しています。このことから、成
果の低いチームでは、お互いにどのような仕事をしているのかが見えな
くなっていくという傾向があると言えます。

【図表5-7】成果の低いチームは、他メンバーの業務が見えなくなる

質問：「私たちは、自分の担当する業務以外のことについてあまり理解していない」

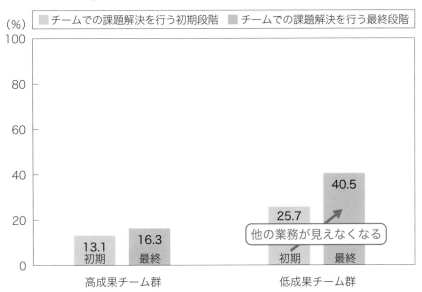

【分析の詳細】
・棒グラフの割合は、「私たちは、自分の担当する業務以外のことについてあまり理解していない」という質問項目に対して「とてもあてはまる」「かなりあてはまる」「どちらかと言えばあてはまる」と回答したチームメンバーの割合を示しています。

Step 4 チーム視点がなくなる

　メンバーが個業化し、メンバー同士の情報共有やフィードバックがなくなると、当然ながら、チーム全体の状況を把握することも難しくなり、結果としてチーム視点は失われていきます。

　図表5-8は、「私たちは、メンバー全員がチーム全体の状況を俯瞰して各自のタスクに取り組んでいる」という項目に対して、「あてはまる」に該当する選択肢を選んだチームメンバーの割合を示したグラフです。チーム視点の重要性は本書でこれまで何度もお伝えしていますが、図表

5-8からも高成果チーム群は、高い水準でチーム視点を持ち続けている
ことが明らかです。一方、低成果チーム群では、61.4％から40.5％へ約
20ポイントも低下しており、チーム視点が徐々に失われていく傾向に
あることが分かります。

【図表5-8】 成果の低いチームは、チーム視点を喪失していく

質問：「私たちは、メンバー全員がチーム全体の状況を俯瞰して各自の
　　　タスクに取り組んでいる」

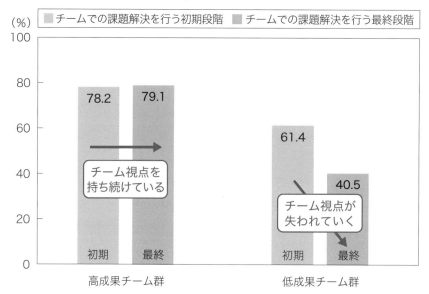

【分析の詳細】
・棒グラフの割合は、「私たちは、メンバー全員がチーム全体の状況を俯瞰して各自のタス
　クに取り組んでいる」という質問項目に対して「とてもあてはまる」「かなりあてはまる」
　「どちらかと言えばあてはまる」と回答したチームメンバーの割合を示しています。
・高成果チーム群・低成果チーム群共に、チーム発足時点とチーム解散時点の平均値に統
　計的有意な差は確認されませんでした（5％水準）。

　チーム視点が失われてくると、チームとして何をめざしているのか、自分たちは今なぜこのチームにいるのか、といったチームであることへの意義や意味がメンバー間で揺らぎ、チームの一体感がなくなっていきます[31]。

　このような事態を防ぐためには、相互にフィードバックし合うこと（Feedbacking）が必要不可欠ですが、成果の低いチームでは、個業化・タスクのブラックボックス化・チーム視点の喪失など，さまざまな要因に加えて、「関係の悪化」を避けたいという「仲良し信奉」の影響から、なかなかフィードバックしにくい状況に陥ります。

　目標が大きくズレて、チームがどこへ向かっているのか分からなくなってしまっていたり、解くべき課題や解決策に修正すべき点があったりしても、この局面になって初めて耳の痛いことをフィードバックすることが、更なる「関係の悪化」を招き、最悪の場合、チームの決裂につながる可能性があるためです。

　「関係の悪化」によるダメージは、時間が経てば経つほど大きくなってしまうので、どんどんフィードバックがしづらくなります。お互いに言いたいことも言えないまま問題を放置し、どうやっても時間的、コスト的に「後戻りできない地点（Point of No Return）」まで来てしまったら、その後は、修正したり改善したりすることもできないまま、チーム活動は失敗への道を一直線に向かってしまう……というわけです。

31　メンバーが所属するチームに対して抱く魅力・愛着の強さを表す「集団凝集性」（group cohesion）の先行研究をメタ分析したエヴァンズらの研究によれば、集団凝集性はチームパフォーマンスと成果の関連があることが分かっています。集団凝集性を高めつつも、しかしながら、フィードバッキングを実現することが、チームが成果を出すための条件ということになります。
Evans, C. R., & Dion, K. L. (2012). Group cohesion and performance: A meta-analysis. Small Group Research, 43 (6), 690-701.

「仲良し信奉」デスマーチを打破するチームフィードバック

　では、どうすればこの「仲良し信奉」デスマーチに陥らず、メンバー同士が相互フィードバックできるチームをつくることができるのでしょうか。ポイントは3つほどあります。

Feedbacking ポイント ❶

チームの目的を共有し続ける

　まずは、「なぜこのチームを組んでいるのか？」というチームの目的をしっかりと押さえておくことが大切です。チームとは、趣味を共にする友人の集まりとは違います。

　くどいようですが、仕事の中でチームの存在意義とは、目標を達成することです。「目標を達成するため」にお互いができることを持ち寄るために集まっているのであり、「仲良くなること」はチームの目的ではありません。「私たちのチームは、今どんな目標に向かっているのか」ということを、チーム活動を始めるときだけでなく、活動の度にきちんと確認し、共有しておくようにします。もちろん、チームメンバー同士が仲良くなることは良いことですが、「仲良くなること」は目的ではなく、あくまでもチーム活動の結果であるということは押さえておきたいことです。

Feedbacking ポイント ❷
チームのフィードバックに関するグラウンドルールを設定する

　チームがあるところ、人と人が関わり合っているところで、矛盾も葛藤もゼロ、ということはあり得ません。矛盾や葛藤があることを前提として、チーム活動を始める際に、こうしたコンフリクトが起きたときに、どう対処するのか、フィードバックに関するグラウンドルール（Ground Rule）について前もって話し合っておくことが大切です。

　グラウンドルールは、「お互いに積極的に聞き合おう」「何を言われても、まずは一度受け入れよう」「分からないことは分からないままにせず、質問しよう」など、些細なことでも構いません。ただ、最初にグラウンドルールを決めても、ときが経つにつれ、忘れてしまいがちです。グラウンドルールを形骸化させない工夫として、会議の最初に全員でグラウンドルールを確認する時間を取るということも効果的です。また、毎回の会議のアジェンダに「モヤモヤ共有タイム」を設け、チームに対するフィードバックを習慣化するのも有効です。

　思い切って発言したら、「あなたにそんなことを言う資格はない」「そういうあなたはどうなんだ？」などと、人格そのものを否定されたり、発言内容と個人の人格を結びつけて捉えられたりしてしまうと、委縮して言いたいことが言えなくなってしまいます。安心して発言ができるよう、心理的安全性が担保されるようなルールづくりも必要です。「発言はすべて、チームが良い方向へ進めるように行う」というルールを設け、どのような指摘にも、まずは「言ってくれてありがとう」と、感謝し受け入れる雰囲気をつくることができれば、言いにくいことを思い切って伝える際の心理的ハードルはだいぶ下がります。こうしたルールは、まず上司が率先垂範し、行動で示すことが効果的です。

サイボウズにおける心理的安全性を高めるルール

　コラボレーションツールの開発・提供を行うサイボウズ株式会社では、「モヤモヤ」を残さないために、「質問責任」と「説明責任」というルールを設けることで、心理的安全性を高めるようにしています。以下、サイボウズ株式会社チームワーク総研のなかむらアサミさんと中原との対談記事から一部を紹介します。

■「質問責任」と「説明責任」

中原：私は大学で、学生たちがチームで課題解決をするプログラムを運営しています。その中でよく起きるのが、授業の1回目に目標を決めたものの、その後、一度も見直しをしないまま、チームの活動と目標がかけ離れていってしまうことです。

なかむら：一度決めたことを変えない、という考え方は危険だと思っています。それはまさに石碑に刻んだ言葉のようになってしまいます。私たちは「石碑に刻むな」と言って、言葉を置き去りにしないように気をつけています。理想の中身よりも、チーム内でみんなが共感しているかどうかが重要です。たとえば"目標"が何かに優勝する、というものだったとして、みんなが「優勝は無理だ」と思っているならば、目標自体を変えるのはありだと思います。

中原：もう1つよくあるのが、六人のチームメンバー中、二人だけが「優勝する」という目標に共感しているけれど、四人は

「今の状況では無理だろう」と思っている。けれどそれを言い出せない、といった状況。密にコミュニケーションし、情報共有していればいいのだと思いますが、それができない。

なかむら：弊社内ではあまりコミュニケーションのズレは起きません。働き方がそれぞれ違うので、不明なことは必ず言語化し、オンラインでもオフラインでもかなり頻度高くコミュニケーションを取っています。

中原：学生たちもコミュニケーションツールはあるのですが、情報共有はできていない気がします。なぜズレが起きないのでしょうか？

なかむら：サイボウズには、「モヤモヤしたことは必ず発言しなければならない」というルールがあり、これを「質問責任」と言っています。当然、「聞かれたことは必ず答えなければならない」という「説明責任」もありますので、サイボウズでは「分からない」ことは、「質問責任」を果たしていないということになってしまいます。このルールがあることが、いわゆる「心理的安全性」につながっているのか、新人ほどずけずけと何でも聞いてきます。

中原：「質問責任」のおかげで、何でも言えるし、何でも聞けるから、コミュニケーションのズレが起きにくいというわけですね。

出所：『Learning Design』2020年 1 ～ 2 月号 Good Team のつくり方「会社の危機から生まれたサイボウズ流チームワーク術」より

なお、グラウンドルールとは、会議などで、各人が本音で建設的な対話ができるように、全員で会議の前に確認し合う、全員が守るべきルールです。グラウンドルールには、一般的に以下のようなものがあります。

１．積極的に聴く

　相手の意見に耳を傾け、積極的に聴く態度を示す。

２．いったん受容する

　相手の意見をいったん受け入れる。

３．批判厳禁

　相手の意見を批判しないようにする。

４．分からないことは質問する

　モヤモヤしたことがあったとき、分からないことが生じたときは、どんなことでも質問する。

５．肩書き厳禁

　今日は職位、肩書きに関係なく、自分の本音で話す。

６．時間厳守

　全員が気持ちよく過ごすためにも、ミーティングの時間は厳守。

７．悪者探しをしない

　問題を個人のせいにするのではなく、メンバー全員の問題と考える。個人に責任をなすりつけるようなことはしない。

８．発言はここにおいておく

　今日、この場で発言したことは、日頃の人間関係には持ち込まない。

出所）中原淳『サーベイ・フィードバック入門』（PHP研究所）P145より

　これらのルールはあくまでも例ですので、グラウンドルールをどのようにするのかは、チーム結成時に話し合って決めておくといいでしょう。

Feedbacking ポイント ❸

1対1で話す機会をつくる

　相互フィードバックはチーム内で行うことが基本ですが、その合間合間に、1対1でも定期的に話す機会を持つことで、思っていることが話しやすくなり、相互フィードバックしやすくなる、という効果があります。今回のケースでも、小林、鷲巣が1対1で話し合う時間を持っていれば、事前に企画の方向性を変えることができていたかもしれません。

　フィードバックができなくなる要因の1つに、時間的、コスト的に「後戻りできない地点（Point of No Return）」まで来てしまう、ということがあります。しかし、実際のところ、別のチームメンバーから見れば、「後戻りできない地点（Point of No Return）」までは来ていない、今、指摘してもらえれば、何とか修正できるといったケースも多々あります。また、全チームメンバーの前では言えないことも1対1なら話せる、ということもあるので、1対1の機会を持つことがとても重要だと言えます。

【ここまでのまとめ】

Feedbacking「相互にフィードバックし続ける」とは

①「仲良くすること」を目的化しない（関係性は結果的に高まるもの）

②個人ワークをブラックボックス化しない（業務に "のりしろ" をつくり、相互依存関係を維持する）

③チーム視点で互いのアクションにフィードバックをする

　ケース3にはもう1つ、「もしこの状況に陥らないために、小林ができたことは何でしょうか？」という問いもありました。

以下に解説しますので、本ケースでもまずはご自身で問いを考えた上で、確認してみてください。

2）この状況に陥らないために、小林ができたことは何でしょうか？

① チーム全体の視点を持ち、プロジェクト運営をする

　チームリーダーとして、チーム視点でプロジェクトの全体状況を常にモニタリングし、異変を察知した際には速やかに介入できる態勢を取っておく必要があります。今回のケースで小林は、業務の多忙さを理由に自らはプロジェクトに直接関与せず、鷲巣にプロジェクト運営の全権限を与えていましたが、実際には権限委譲という名の「放任」であったといっても過言ではありません。もし、やむを得ず、鷲巣に権限委譲するのであれば、プレイヤー経験が豊富で短気な鷲巣の性格を踏まえ、「自分の成功体験や価値観に固執せず、メンバーや店舗からの多様なアイデアを取り入れること」など、リーダーに必要なマインドセットを引き継ぐことが重要です。

② フィードバックすることをチームのグラウンドルールにする

　チームのメンバー構成を見れば、キャリアや働き方の観点から、誰もが鷲巣の意見に口出ししにくい構図であることは明らかです。このようなチーム状況で、相互フィードバックが自然発生的に生じることを期待するのは現実的ではないでしょう。そこで効果的なのが、前述した、相互フィードバック（特にネガティブフィードバック）をチーム内でグラウンドルールにするというアプローチです。

　具体的には、ミーティングの中でお互いの意見や考えに対するモヤモヤを必ず言葉にすること、などが考えられます。また、特にネガティブ

フィードバックについては、受け取る側が相手の意見を頭ごなしに否定したり、感情的に対応したりせず、いったん受け止めて何がポイントかを吟味することなどをルール化し、徹底するよう努めることが重要です。ルールが徹底され、チームのカルチャーとして定着するには時間がかかります。上司自ら率先垂範して行動で示し続けることが効果的です。

③ 一人ひとりのメンバーとの 1 on 1 で本音を引き出す

上記のように、会議の中で相互フィードバックすることをグラウンドルール化したとしても、特に最年少の荒木のように、年上や立場の異なる相手を前になかなか本音を言いにくい、ということもあるでしょう。その場合には、1 on 1（1対1の面談）で小林が本音を引き出すことも効果的です。荒木や種村からヒアリングした内容をもとに、チームリーダーとして小林自らが鷲巣に耳の痛いフィードバックをすることも重要な役割です。

また、これは荒木や種村に対してだけでなく、鷲巣に対しても同様です。任せて終わりではなく、任せた責任として小林は鷲巣に最後まで寄り添い、本人の意見に耳を傾け、チームとして何が重要なアイデアかを一緒に考えることも必要です。

リモートチームから学ぶチームの本質

ソフトウェア開発事業を手掛ける株式会社ソニックガーデンでは、2009 年にリモートワークを導入、2016 年からはオフィスを廃し、「オフィスなし、全社員完全リモートワーク」を実践しています。

以下、株式会社ソニックガーデンの倉貫義人さんと中原との対談記事から一部を紹介します。

■ 会議と作業の間にあるもの

中原：普通の職場に比べて、リモートの職場はどこが違いますか？

倉貫：5年前、オフィスをなくしたとき、失うものはあるかなと考えてみました。
　　　目的とアジェンダの決まった会議はテレビ会議の方が向いていると感じましたし、作業も在宅で大丈夫。ただ、会議や作業の合間の雑談や相談など、ちょっとしたコミュニケーションをする場所がなくなったのが困りました。オフィスというのは、"会議未満・個人作業以上"のコミュニケーションツールだったんだ、という発見がありました。

中原：面白いですね。確かにオンラインだけだと、目的のあるコミュニケーションばかりになってしまうと感じていました。「ちょっといいですか」という声かけがしづらいし、あと、人の気配もない。

倉貫：そうなのです。チャットを導入すれば、多少コミュニケーションは取れますが、人がいる感じはありません。
　　　オフィスにいると、他の人の会話がなんとなく聞こえてきて「今、あの二人が一緒に仕事しているんだな」とか「あの人、怒ると怖いな」といったことがそれとなく分かります。また「こんなときに皆笑うんだな」といった会社のカルチャーやノリみたいなものは、目的も宛先もないコミュニケーションの中から生じるものです。

中原：そこで、ちょっとしたコミュニケーションや気配のなさを解消するバーチャルオフィスツールを自社開発されたのですね。

倉貫：はい。他人の雑談がうるさくない程度に聞こえてくるような、朝、"出社"して「いい天気だな」などと独り言が言えるような環境を再現できたら、と考えました。

中原：ちょっとした雑談など、インフォーマルなコミュニケーションがなくなると何に支障が出てしまうのでしょうか？

倉貫：ありていに言えば人間関係だし、流行の言葉で言えば心理的安全性でしょうか。普段から雑談を通して相手を知り、関係性をつくっていないと話しかけづらくなりますよね。困っていることや分からないことがあっても会議の場では発言しにくいので、「次の会議で聞けたら聞いてみよう」と、つい消極的になってしまいます。
ですが、こうしたコミュニケーション不全の積み重ねが、スピード感を低下させる原因になります。気になることはその場で聞いて、早く解決する方が、生産性や品質の向上につながります。

中原：ということは、人間関係のできていない新人は社内の誰が何に詳しいか分からず、特に相談しにくいですよね。育成的な観点では、やはりリモートはうまくいかない、と思っている会社も多いように思います。

倉貫：やはり入社したてだと誰に聞いたらいいのか分からないという問題があります。そこでメンターをつけ、その人から案件ごとに適切な人を紹介してもらうようにしています。

中原：オフィスにいれば、隣席の先輩が担っていた役割を、メンターに託しているというわけですね。

倉貫：はい。ですが、実はオフィスでも、新人がぽかんとして困っているのに誰も声をかけない、といった問題は結構起きているのでは。そう考えると、オフィスもリモートもさほどの違いはないような気がします。

中原：オンラインで少し辛口のフィードバックをするときはどうされていますか？　リアルの職場よりやりづらいのでは、と思うのですが。

倉貫：基本的には同じです。１対１で言いづらければ、他の人にも入ってもらったり。リアルでもオンラインでも言いにくいのは変わりません。そこに向き合うしかないのかと。

■「管理」すると「監視」になってしまう

中原：バーチャルオフィスでは、全社員の膨大なチャットをすべてリアルタイムで「見える化」しています。これには何か意味がありますか？

倉貫：コミュニケーションは「質」も大事ですが、「量」の方が圧倒的に大切なのではないかと感じています。相手について情報量が多ければ多いほど不安が減り、雑談も相談もしやすくなります。ですので、話題を選ばず、チャット内容を全部オープンにして流しています。

中原：なるほど。常に全員のチャットが流れ、常に全員の顔が映し出されていることで、オフィスのように人の気配が感じられますね。しかし、自分の顔がずっと映し出されているというのは、監視されているような感覚になりませんか？

倉貫：当社には役職がなく、監視する人はいません。また、コアタイムなしのフレックス制ですので、勤務時間も決まっていません。いつ仕事を始めてもいいし、いつ休み時間を取ってもいい。長く席に座っていることが仕事をした証、というわけではないので、監視の意味がないのです。バーチャルオフィスは、コミュニケーションをスムーズにするためのツールにすぎません。そもそも、「監視しない」「時間で評価しない」という前提がないと、リモートワークはうまくいかないと思います。

中原：時間で仕事の成果を測るという発想を切り替えないと、監視ツールになってしまう、ということでしょうか。

倉貫：そのとおりです。我々は「マネジメントは管理ではない」と考えています。成果を出すための手法がマネジメントだとし

たら、それは管理することではなく、内発的動機を高めることであり、セルフマネジメントをサポートすることです。

■ すり合わせに手間をかける

中原：ところで作業を進めていくうちに、プロジェクトなどの目標が変わっていくことはよくあると思うのですが、気づいたら皆のゴールが互いにズレていた、ということはないのですか？

倉貫：当社では半年後のゴールに向かって仕事をする、ということはまずありません。「タスクばらし」といって、あらゆる仕事を細かい作業（タスク）に分解しているので、ゴールは遠くてもせいぜい１週間先です。
　　　もちろん、１週間先であっても、ズレが生じる場合もありますので、毎日チームで朝会をし、チームの状況や自分のタスクの状況を報告し合って、すり合わせします。もっと細かいすり合わせについては、メンバー同士、お互いに声をかけ、相談しています。それだけに情報共有やコミュニケーションの機会、量は敢えて増やすようにしています。

『Learning Design』2020年9〜10月号　Good Teamのつくり方「リモートチームから学ぶチームの本質」より

第 6 章

すべてのひとびとに、
チームを動かすスキルを！

TEAM
WORKING

チームワーキングに必要な3つの視点と3つの行動原理

　ここまでお読みいただいた皆さんは、今、自らのチーム・職場をどのようなまなざしで見つめておられるでしょうか。本書では、「ニッポンのチーム」についての膨大なデータを分析し、「ニッポンのチームワーク」についての新しい知見「チームワーキング」についてお伝えしてきました。

　本書の内容を概観すると、まず、「成果の出るチーム」には以下のような特徴があることが分かりました。これまでお伝えしてきたことの繰り返しにはなりますが、重要なことなので、改めて本書のまとめとして再確認してください。

成果の出るチーム

1）チームメンバー全員が動き、
2）チームの状況を俯瞰する視点を持って、
3）共通の目標に向かってなすべき事をなしながら、お互いの仕事に対し相互にフィードバックをし続けている

目標

一方、「成果の出ないチーム」では以下のような特徴が見られました。

> ### 成果の出ないチーム
>
> 1）一人のリーダーだけがチーム全体のことを考え、
> 2）リーダーが中心となってチームの目標と各自の役割を設定し、
> 3）それ以外のメンバーはお互いの役割や仕事の状況にはさして関心を示さず、自分に与えられた役割をただ黙々とこなしている
>
>

そこで私たちは、「成果の出るチーム」の１）チームメンバー全員が動く、２）チーム視点を持ちつつ仕事を行う、３）お互いの仕事に関心を持ちフィードバックし合う、というダイナミックなチームのイメージを「チームワーキング（Teamworking）」と表現することにしました。

チームワーキングとは「Teamメンバー一人ひとり」が主体的にダイナミックに「Working（動いている）」することを示す概念であり、そうした状態を維持することによって、チームの成果が最大になります。

では、チームを「チームワーキング」の状態に導くために、どうすればいいのでしょうか。

実は「目標を立て、計画を立て、役割分担して活動を始める」といっ

た行動単位では、成果の出るチームも、そうでないチームも大きな差は生じていませんでした。大きな違いを生み出していたのは、「チームにおける行動」以前にメンバーがチームやチームワークをどのようなものとして見ているのかという「チームに対する見立て」でした。

チームを「チームワーキング」の状態に導くために、メンバーに欠かせない「チームの捉え方、チームの見方」が、以下３つの視点です。

「チームワーキング」に必要な「チームを見つめる３つの視点」

① 「チーム視点」
　：チームの全体像を常に捉える視点
② 「全員リーダー視点」
　：自らもリーダーたるべく当事者意識を持ってチームの活動に貢献する視点
③ 「動的視点」
　：チームを「動き続けるもの、変わり続けるもの」として捉える視点

改めて、それぞれについて解説します。

「チームワーキングに必要なチームを見つめる３つの視点」のまとめ

1.「チーム視点」

「チーム視点」とは、チームの状態を「私たちのチーム」として常に俯瞰して見る、チームの全体像を常に捉える視点です。「チーム視点」がないと、仕事を一人ひとりが抱え込み、情報共有がまったく生まれない「属人化・個業化」状態が起きてしまいます。チームの一員でいなが

らも常にチーム全体を見る「チーム視点」を手放さないようにすることが
大切です。

2.「全員リーダー視点」

　「全員リーダー視点」とは、文字通り、全員がリーダーとして当事者
意識を持ってチームを率いるイメージを持つ視点です。不確実性・複雑
性が高まる状況では、ある特定の個人に頼るのではなく、チームに属す
る全員がリーダーとなり、各々が必要なリーダーシップを発揮する方が
チームの成果を最大化することにつながります。

3.「動的視点」

　「動的視点」とは、チームを「動き続けるもの、変わり続けるもの」
として捉える視点です。次々と変化する環境下で、チームは常に「動き
続けるもの、変わり続けるもの」であるとして、環境の変化を捉えなが
ら、自分自身も行動を変えていく必要があります。

　チームのメンバー一人ひとりが「チームを見つめる3つの視点」を持
つことは、すべてのチーム行動の源泉、基盤となる「オペレーティング
システム（OS)」のようなものです。チームで成果が出せるかどうかは、
このOSの上に、どのような「アプリケーション（アプリ）＝行動」を
乗せていくかで決まります。

　私たちは、「チームワーキング」の状態をつくりだす上で以下3つの
行動が鍵となっていることを突き止めました。これらを「チームワーキ
ングを生みだす3つの行動原理」として紹介し、それぞれ3つのケース
を通して、詳しくお伝えしてきました。

「チームワーキングを生み出す３つの行動原理」のまとめ

1．Goal Holding（ゴール・ホールディング）：目標を握り続ける

　チーム活動の初期に目標設定を行うだけでなく、常にめざすゴールはどこか、実現したいことは何かを全員で確認し合うなど「目標を握り続け（Goal Holding）」ながらチーム活動をしていくことが重要です。オープンに情報共有を行い、自分たちの今の立ち位置とゴールとの位置関係を見ながら、ときにはゴール設定は今のままでいいのか、見直していくことも必要です。

2．Task Working（タスク・ワーキング）：動きながら課題を探し続ける

　チームでの課題解決において、解くべき課題やその解き方が妥当なものなのかどうかを常に確認したり、修正したりして「動きながら課題を探し続ける（Task Working）」ことをしなければ、いつのまにか目標とズレた方向へ進んでいってしまいます。

　まずは仮決めでもいいので、大まかな方向性を定め、やってみてから「これで行けるかな？」「ちょっと違うかな？」と修正しては、またやってみる。動きながら、常に課題はこれでいいのかと考え続ける。そうして深掘りしていくことで、課題の解像度が上がり、行動の精度も高まって、目標達成につながる効果的な課題解決ができます。

3．Feedbacking（フィードバッキング）：相互にフィードバックし続ける

　チームで動いている際は、それぞれがチームメンバーやチーム活動に対して、さまざまなことを思っているものです。ここでのフィードバックとは、「チームでの活動を通じて、それぞれが考えていること、感じていることを、チームメンバーに表明していくこと」です。課題解決を行い

ながら、チーム視点で「相互にフィードバックし続ける（Feedbacking）」ことで、活動そのものやチーム内の関係を改善していくことにつながります。

　ここまでを図示していくと、以下の図のようになります。今、図の基盤の部分には、「チーム視点」「全員リーダー視点」「動的視点」という「チームの見立て」があります。これは、チーム活動を行うひとびとは、すべて持っていたい「OS」の部分です。

　このOSの上には、「Goal Holding」「Task Working」「Feedbacking」という3つの具体的行動があります。これは先ほどのたとえで言えば「アプリ」の部分です。こうした具体的行動を、全員で担い続けることによって、チームワーキングの状態が保たれ、高い成果を残すことができます。

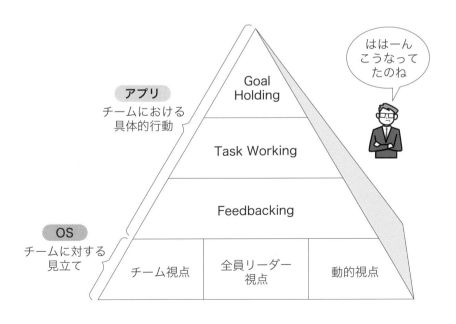

これらのOSとアプリは、チームで活動する際のベースとなる基礎スキルです。それゆえに、チームで成果を上げることが求められる社会人になって初めて身につけるのでは遅く、基本的には、学生である教育期間のうちにインストールしておくべきものだと考えます。

ニッポンの会社にチームはあったのか？

従来より日本企業の中には「部」も「課」も「グループ」もあり、それぞれのチームが同じ目標をめざして、力を合わせて仕事をして、成果を出してきました。ですが、今一度、それらを見つめなおしてみたとき、それらは本当にチームとして機能していたのか、というと少々疑問が生じます。もしかしたら、それらは「チーム」ではなく、「村」に近いものだったのではないか？　と思えてしまうのです。

日本のこれまでの雇用慣行……すなわち「新卒一括採用」「年功序列」「終身雇用」を特徴とする日本型雇用システムにおいては、一度「会社」という名の村のメンバーになり、上役の言う通り仕事をこなしていれば、ずっとメンバーで居続けることができました。

自分から働きかけなくても、会社に行けば仕事はそこにあり、定年までそこで生きていける。そういう村の風土に甘えていた人も少なくないように思います。

集団としての会社、部、課はあったかもしれませんが、果たしてそこに「チーム」はあったのでしょうか？　そこに「リーダーシップを発揮する人」はいたのでしょうか？

そう考えると、やや心もとないところがあるのです。

　社会心理学者の山岸俊男氏は、著書『安心社会から信頼社会へ』（中公新書）の中で、日本社会は、「よそ者」を排除し、裏切ったら村八分になるような「仲間内」だけで集う集団主義的な社会関係の下で築かれた「安心」によって成立している「安心社会」と表現しました。

　それに対して、欧米社会はその人の人格への評価や過去の行動から、「きっと裏切らないだろう」とお互いに「信頼」し合うことで社会の秩序を維持する「信頼社会」であると述べています。日本型雇用システムによって支えられたこれまでの日本企業は、まさに前者の「安心社会」でした。

　しかし、2020年代の今、日本企業は劇的に変化しています。経団連の会長が「もう終身雇用を守れない」と発言するなど、日本型雇用システムは限界を迎えつつあり、かつて同質的なメンバーだけが暮らしていた村には、多様な人たちが集まるようになりました。そこでは、ただ与えられた仕事をするのではなく、価値観の異なる多様な人たちと共に、課題解決をしたり、新しいものを創り出したりすることが求められるようになっています。

　また、転職だけでなく、事業統合や企業合併などによって、「村」そのものが再編されていく機会も増え、組織の境界は常に揺れています。このように、組織の境界が揺れ続ける社会では、「この村にいればOK」という村は消えていき、「安心」が前提になる社会を期待することは難しくなります。

　今、我が国は、制度や仕組みで守られた「安心社会」から、個々で「信頼」を勝ち取らなければならない「信頼社会」へと急速に移行しているのだと思います。だとすれば、信頼を獲得するためには、何が必要でしょうか。

　それは端的に言ってしまえば、チームに貢献する具体的なアクション

を、それぞれ各人がなし続けるということに尽きます。かくして、今こそ、個が個でありながらチームを動かすスキル、「チームワーキング」の技術が必要になってくるのではないかと思います。

すべてのひとびとに「チームワーキング」の技術を！ニッポンのチームをアップデートせよ！

2020年以降、新型コロナウィルスの感染拡大により、日本の働き方はドラスティックに変わってきています。リモートワーク、オンライン会議などが当たり前となり、都心にあったオフィスを解約する動きも出てきています。今後もこうした「新しい働き方」が普及していくとすれば、同じ部、同じ課、同じチームの同僚であっても、同じ時間、同じ場に居合わせることは珍しいこととなっていくことでしょう。

一般に、時空間を隔てたチームワークでは、チームの成果が下がること、また、発揮されるリーダーシップの効果は低下することがよく知られています[32]。

昨今は、「リモートチームでどのようにチームビルディングをするのか」といった記事もよく目にしますが、実際のところ、チームワーキングの要諦はリモートも対面も変わりません。ただ、「村」のメンバーの多様化が進んでいたところに、新しい働き方が広まったことで、よりコミュニケーションが難しくなり、これまで以上に「伝わりにくく」「分かり合えなく」なることは確かでしょう。

劇作家の平田オリザさんは、著書『対話のレッスン』（講談社学術文

---

32 Hoch, J. E., & Kozlowski, S. W. J. (2014). Leading virtual teams: Hierarchical leadership, structural supports, and shared team leadership. Journal of Applied Psychology, 99 (3), 390–403.

庫）で、次のように述べています。

「二十一世紀のコミュニケーション（伝達）は『伝わらない』ということから始まる。

（中略）

私とあなたは違うということ。

私とあなたは違う言葉を話しているということ。

私は、あなたが分からないということ。

私が大事にしていることを、あなたも大事にしてくれているとは限らないということ。

そして、それでも私たちは、理解し合える部分を少しずつ増やし、広げて、ひとつの社会のなかで生きていかなければならないということ。

そしてさらに、そのことは決して苦痛なことではなく、差異のなかに喜びを見いだす方法も、きっとあるということ。

（中略）

まず話し始めよう。そして、自分と他者との差異を見つけよう。差異から来る豊かさの発見のなかにのみ、二十一世紀の対話が開けていく」

〈平田オリザ『対話のレッスン』（講談社学術文庫）p241-242 より引用〉

「安心社会」から「信頼社会」へ移行した今、私たちは、平田さんが言うように、「伝わらない」ということからコミュニケーションを始めなくてはならないのかもしれません。

また、先の山岸氏によれば、「信頼社会」における「信頼」とは、相手が利己的に振る舞えば自分が損を被る可能性のある状況で、相手が自分に対して協力的に振る舞うであろうという期待、と述べています[33]。

33　山岸俊男（1998）『信頼の構造：こころと社会の進化ゲーム』（東京大学出版会）

つまり、信頼とは、本来、相手がどう出るか不確実性のある状況下で、リスクを取って相手に期待を寄せる、というプロアクティブ（能動的）な行動なのです。また信頼とは、得るものではなく「与えるもの」だという含意も読み取れます。

　何を言い出すのか、どう出てくるのか分からない相手と向き合い、言葉を尽くして自らの意見を伝え、お互いの違いを認識し、理解し合える部分を増やしていく、という他者への能動的な関わりの中で、少しずつ「信頼関係」を築き上げていくということです。

　こうした考え方は、これからのチームを考える上でとても重要な示唆をもたらしてくれます。これからの信頼社会では、お互いに「伝わらない」「分かり合えない」ことを出発点にして、積極的に他者に働きかけ、チームを動かしていく「チームワーキング」の技術を身につけることが不可欠となっているのです。

　ニッポンのチームは、今、「夜明け前」を迎えています。
　私たちは、本書で著したチームを動かすスキル、「チームワーキング」の技術は、働く大人たちだけでなく、学校で学ぶ子どもたちにも、あらゆる人に身につけて欲しい、そう願っています。
　誰もがチームワーキングできるようになり、日本中のチームをアップデートしていくことができれば、難問が山積する日本の課題も、１つひとつ乗り越えることができる。私たちは、そう信じているのです。

　大丈夫。
　チームワーキングの先に「希望」があるから。

おわりに

　チームとは、ときに「絶望」をもたらす
　しかしながら
　チームとは「希望」でもある

　ここまで本書をしたためてきて、つくづく痛感するのが、このひと言です。
　「チームの絶望」とは、人が集まっても、目的も共有できず、空中分解し、一人でやった方が早いような成果しか残せない状況を言います。「チームワーキング」の状態が保持できないがゆえに、低い成果しか残せず、「もう二度と、このメンバーでは会いたくない」とすべてのメンバーが心の中で念じる……。多くのひとびとが、そうした「チームの絶望」を、一度は経験しているでしょう。それほど「チームの絶望」は、この国にありふれたものです。
　しかしながら、ときにチームは「希望」ももたらすことがあります。
　人はそもそも、独力で成し遂げられないことを達成するために集います。ひとびとが、自分事のようにチームを思い、一人ひとりがリーダーシップを発揮していくとき、そこには、チームワーキングの状態が生まれます。チームワーキングの状態は、ひとびとが目標を握り続け（Goal Holding）、解くべき課題を探求し続け（Task Working）、そして相互にフィードバック（Feedbacking）し合う状態です。こうしたチームは高い成果を残します。そして、ひとびとは、そうしたチームにこそ「希望」を見るのです。ここで大切なことは、本書でも再三お伝えしてきたように、チームへの働きかけを「過去形（あのとき〜した）」にしてしまわないことです。チームへの働きかけは「現在進行形（〜し続ける）」の

形で行う必要があります。

　本書はこの国に広がる「チームの絶望」を減らし、「チームの希望」を増やすために書かれました。そのためにこそ、必要なのは、すべてのひとびとにチームワーキングの考え方をインストールすることです。それが成功裏に終わったかどうかは読者の判断に任せ、ペンを置きます。

　最後になりますが、謝辞を述べます。

　本書は、日本能率協会マネジメントセンターの雑誌『Learning Design』の中原の連載「Good Teamのつくり方」に端を発して生まれました。これまで、長い間、この雑誌の連載を支えてくださった竹内美香さん、西川敦子さん、宮川敬子さん、黒川剛さん、「Good Teamのつくり方」のみならず、本書の構成もご担当いただいた井上佐保子さんに心より感謝いたします。また、この連載にご協力いただいた東京アカデミーオーケストラの田口輝雄さん、室住淳一さん、益本貴史さん、元SAPジャパン株式会社の南和気さん、株式会社ワークマンの土屋哲雄さん、サイボウズ株式会社のなかむらアサミさん、株式会社ソニックガーデンの倉貫義人さん始め、多くの方々に心より感謝いたします。ありがとうございました。

　本書をきっかけに、この国のチームに、さらなる「希望」が生まれるのだとしたら、筆者として望外の幸せです。

　人が集まれば「絶望」も見る
　しかし、それにも関わらず
　人の集まりにこそ「希望」はある

　2021年3月　春の息吹きが感じられる立教大学のキャンパスにて
　　　　　　　　　　　　　　　　　　　　中原 淳・田中 聡

【著者紹介】

中原 淳（立教大学 経営学部 教授）

立教大学 経営学部 教授。立教大学大学院 経営学研究科 リーダーシップ開発コース主査、立教大学経営学部リーダーシップ研究所 副所長などを兼任。博士（人間科学）。専門は人材開発論・組織開発論。北海道旭川市生まれ。東京大学教育学部卒業、大阪大学大学院 人間科学研究科、メディア教育開発センター（現・放送大学）、米国・マサチューセッツ工科大学客員研究員、東京大学講師・准教授等を経て、2017年 − 2019年まで立教大学経営学部ビジネスリーダーシッププログラム主査、2018年より立教大学教授（現職就任）。「大人の学びを科学する」をテーマに、企業・組織における人材開発・組織開発について研究している。

著書に『職場学習論』『経営学習論』（ともに東京大学出版会）『研修開発入門』（ダイヤモンド社）『駆け出しマネジャーの成長論』（中公新書ラクレ）『マンガでやさしくわかる 部下の育て方』（日本能率協会マネジメントセンター）など多数。研究の詳細は、Blog：NAKAHARA-LAB.NET（http://www.nakahara-lab.net/）。Twitter ID：nakaharajun。民間企業の人材育成を研究活動の中心に置きつつも、近年は、横浜市教育委員会との共同研究など、公共領域の人材育成についても、活動を広げている。一般社団法人 経営学習研究所 代表理事、特定非営利活動法人 Educe Technologies 副代表理事、認定特定非営利活動法人カタリバ理事、一般社団法人ピアトラスト 理事。専門性：人材開発・組織開発、趣味：人材開発・組織開発、特技：人材開発・組織開発

田中 聡（立教大学 経営学部 助教）

立教大学 経営学部 助教。東京大学大学院学際情報学府博士課程 修了。博士（学際情報学）。山口県周南市生まれ。大学卒業後、株式会社インテリジェンス（現・パーソルキャリア株式会社）に入社。大手総合商社とのジョイントベンチャーに出向し、事業部門での実務経験を経て、2010年 同社グループの調査研究機関である株式会社インテリジェンスHITO総合研究所（現・株式会社パーソル総合研究所）立ち上げに参画。同社リサーチ室長・主任研究員・フェローなどを務める。2018年より現職。専門は、経営学習論・人的資源開発論。働く人と組織の成長・学習を研究している。

著書に、『「事業を創る人」の大研究』（クロスメディア・パブリッシング）『経営人材育成論』（東京大学出版会、近刊）など。

チームワーキング
―ケースとデータで学ぶ「最強チーム」のつくり方

2021年3月20日　初版第1刷発行
2023年7月25日　　　第6刷発行

著　者―― 中原 淳・田中 聡
　　　　　　　 ©2021 Jun Nakahara・Satoshi Tanaka
発行者―― 張 士洛
発行所―― 日本能率協会マネジメントセンター
〒103-6009 東京都中央区日本橋2-7-1　東京日本橋タワー
TEL 03(6362)4339（編集）／03(6362)4558（販売）
FAX 03(3272)8127（販売・編集）
https://www.jmam.co.jp/

装　　　丁―― 山之口正和＋沢田幸平（OKIKATA）
本文DTP―― 株式会社森の印刷屋
構 成 協 力―― 井上佐保子
印　刷　所―― シナノ書籍印刷株式会社
製　本　所―― 株式会社新寿堂

ISBN978-4-8207-2874-0 C2034
落丁・乱丁はおとりかえします。
PRINTED IN JAPAN

マンガでやさしくわかる
部下の育て方

中原 淳 著、葛城かえで シナリオ制作、柾 朱鷺 作画
四六判並製／224ページ

部下を持つということは、「自分で動き、自分で成果を出す」働き方から、全く異なる「他人を動かし職場の成果を出せさせる」働き方にシフトチェンジするということ。それは、まさにゼロからのスタートであり、ほとんど「生まれ変わり」に等しいほどの大変化となります。本書では、仕事を任せることで部下を育てていく4つのステップを、マンガのストーリーを通して学ぶことができます。

これからのリーダーシップ
基本・最新理論から実践事例まで

舘野泰一／堀尾志保 著
A5判並製／256ページ

時代によりリーダーの代名詞は変わりますが、洋の東西を問わず、人々を率いるリーダーのあり方は関心を持たれ続けてきました。本書は、「最も研究されているけれども、最も解明が進んでいない領域」ともいわれるリーダーシップ論に関し、これまでの研究の転換点、最新の研究潮流と合わせて、リーダーシップの発揮・教育に向けた具体的な実践方法について紹介していきます。

基本がわかる実践できる
マネジメントの基本教科書

JMAMマネジメント教育研究会 編
A5判並製／328ページ

個人と組織のあり方が変わる中で、これからの管理者に求められる3つの観点（①自分（＝管理者）を活かす、②多様な人材（価値観・考え方・立場）を抱える組織を活かす、③メンバー個々人の主体性を活かす）を重視した新しい時代のマネジメント基本教科書です。明日から一歩踏み出す行動を実践に活用するよう自分に問いかけながら、自らの職場実践をイメージできるようになります。

心理的安全性のつくりかた

石井遼介 著
四六判並製／336ページ

いま組織・チームにおいて大注目の心理的安全性とは「何か」から、職場・チームで高めるアプローチ方法をつかめます。本書では心理的安全性が「ヌルい職場」ではなく、健全な衝突を生み出す機能であることを解説し、日本における心理的安全性の4因子「話しやすさ」「助け合い」「挑戦」「新奇歓迎」を紹介。これまで曖昧に語られてきた心理的安全性が共通言語となり、指標化とアプローチ方法によって具体的かつ効果的な高め方を導き出せます。

日本能率協会マネジメントセンター